Informatik aktuell

Herausgeber: W. Brauer
im Auftrag der Gesellschaft für Informatik (GI)

Peter Holleczek

Birgit Vogel-Heuser (Hrsg.)

Echtzeitsysteme im Alltag

Fachtagung der GI-Fachgruppe
Echtzeitsysteme (RT)
Boppard, 30. November/1. Dezember 2006

Herausgeber

Peter Holleczek
Regionales Rechenzentrum
der Universität Erlangen-Nürnberg
Martensstraße 1, 91058 Erlangen
peter.holleczek@rrze.uni-erlangen.de

Birgit Vogel-Heuser
Universität Kassel
Fachgebiet Eingebettete Systeme
Fachbereich Elektrotechnik/Informatik
Wilhelmshöher Allee 73, 34121 Kassel
vogel-heuser@uni-kassel.de

Bibliographische Information der Deutschen Bibliothek
Die Deutsche Bibliothek verzeichnet diese Publikation in der Deutschen Nationalbibliografie; detaillierte
bibliografische Daten sind im Internet über http://dnb.ddb.de abrufbar.

CR Subject Classification (2001): C3, D.4.7

ISSN 1431-472-X
ISBN-10 3-540-47690-3 Springer Berlin Heidelberg New York
ISBN-13 978-3-540-47690-0 Springer Berlin Heidelberg New York

Springer Berlin Heidelberg New York
Springer ist ein Unternehmen von Springer Science+Business Media

springer.de

© Springer-Verlag Berlin Heidelberg 2006
Printed in Germany

Satz: Reproduktionsfertige Vorlage vom Autor/Herausgeber
Gedruckt auf säurefreiem Papier   SPIN: 11891819   33/3142-543210

Vorwort

Wenn man als Experte mit diesem etwas flapsig formulierten Thema „Echtzeitsysteme im Alltag" konfrontiert wird, sieht man sich unwillkürlich zuerst in die Erfahrungswelt des Normalbürgers gedrängt. Die Automatisierungs- und Steuertechnik ist in alle Bereiche des täglichen Lebens vorgedrungen und spielt, bemerkt oder unbemerkt, eine immer größere Rolle, meist nicht immer eine glückliche. Davon kann sich jeder ein Bild machen, und das ist

- ärgerlich bis zynisch (Bahn-Kassenautomaten),
- drohend (sich selbst befüllender Kühlschrank),
- befremdlich (intelligente Kleidung),
- riskant (vollautomatisiertes Wohnhaus),
- fatalistisch („von diesem Fahrzeug wird es keine Oldtimer geben").

Man hat das Gefühl, die propagierte schöne neue Welt soll sukzessive von uns Besitz ergreifen, damit wir immer geeignet investieren. Dort, wo wir (wie bei Kassenautomaten) der Technik bedingungslos ausgeliefert sind, muss sich kein Entwickler die Mühe machen, sich an seinen Unterricht in Sachen Benutzerschnittstelle zu erinnern. Nur weniges scheint hilfreich ausgedacht und soll Energie und Rohstoffe schonen (wie Waschmaschine und Geschirrspüler) oder uns in kritischen Situationen korrigieren (wie ESP im Kfz).

Der Workshop als Forum zur Klage? Nein, wir wissen schließlich, dass Technik ambivalent ist - und dass es darauf ankommt, was man mit den Errungenschaften macht.

Die FG möchte handwerklich an das technisch hochinteressante Gebiet herangehen, die oft beeindruckenden Anforderungen herausarbeiten, einige Schulweisheiten hervorkramen, neue hinzufügen und einige positiv besetzte Themen untersuchen. Wer sah sich nicht schon einmal dem feinmotorischen Albtraum ausgesetzt, als Ungeübter einen Anhänger rückwärts fahrend steuern zu müssen? Wer möchte seine Modelleisenbahn nicht so steuern wie die Profis?

Zu dem Schwerpunktthema des Workshops „Echtzeitsysteme im Alltag" reichen die Beiträge in den drei Sitzungen von der Untersuchung von Fahrerassistenz, über Videokonferenzsysteme bzw. Digitales Fernsehen bis zu Mixed Reality und Serviceorientierten Architekturen. Die Unterstützung von Wartungsaufgaben mittels Head Mounted Display oder Stereobrille gehört zu den bekannten Bildern von Echtzeitsystemen im Alltag. Häufig treffen diese Systeme jedoch nicht die Anforderungen der Endanwender und werden in Folge dessen auch nicht akzeptiert. Unter dem Stichwort Mixed Reality wird ein vereinfachtes Verfahren ohne solch technisches Equipment vorgestellt.

Traditionell werden die Methoden und Anwendungen in einem eigenen Schwerpunkt diskutiert. Im Schwerpunkt Methoden werden Agentenorientierte Ansätze und Semantic Web-Technologien für eine ganzheitliche semantische Beschreibung ebenso diskutiert wie die Koexistenz unterschiedlicher Zeitanforderungen in einem gemeinsamen Rechensystem.

Das Programmkomitee der Fachgruppe ist überzeugt, ein aktuelles und interessantes Programm zusammengestellt zu haben und freut sich, in Gestalt der Reihe Informatik aktuell wieder ein vorzügliches Publikationsmedium zur Verfügung zu haben. Unser besonderer Dank gilt den Firmen Artisan, GPP, Siemens und Werum, die mit ihrer Unterstützung die Herausgabe des Tagungsbandes erst ermöglicht haben.

Wir wünschen den Teilnehmern einen interessanten und intensiven Erfahrungsaustausch.

September 2006

Kassel   Erlangen

Birgit Vogel-Heuser   Peter Holleczek

Inhaltsverzeichnis

Echtzeit im Alltag (1)

Methoden

Echtzeit im Alltag (2)

Kommunikation

Echtzeit im Alltag (3)

Visuelle Lenkassistenz für Fahrzeuge mit Einachsanhänger

Dieter Zöbel, Uwe Berg, Martin Schönfeld

Universität Koblenz-Landau, Fachbereich Informatik, Institut für Softwaretechnik

Zusammenfassung. Das Rückwärtsfahren von Fahrzeugen mit Anhängern macht erfahrungsgemäß große Schwierigkeiten. Anders als beim Vorwärtsfahren zeigen Gliederfahrzeuge bei der Rückwärtsfahrt chaotisches Verhalten, d.h. kleine Lenkradbewegungen haben große Wirkungen. Ein geeignetes Assistenzsystem könnte den alltäglichen Umgang mit einem Gespann erleichtern. Im vorliegenden Artikel wird ein Assistenzsystem vorgestellt, das dem Fahrer/der Fahrerin die Kontrolle eines Einachsanhängers durch eine optische Assistenz erleichtern will. Neben technischen und ergonomischen Fragestellungen, die in diesem Zusammenhang zu lösen sind, ist auch gefordert, eine hohe Reaktivität des Systems zu erreichen. Im konkreten Anwendungsfall bedeutet dies, dass die Wirkung von Lenkradbewegungen unmittelbar sichtbar gemacht werden muss.

1 Einleitung

Das Zurückstoßen mit Fahrzeugen, an die ein Anhänger angekoppelt ist, wird als schwierige Aufgabe aufgefasst. Diese Empfindung wird dadurch bestätigt, dass das kinematische Verhalten von Gespannen aus physikalischer Sicht in die Kategorie der nicht-holonomen Bewegungen fällt und komplexe mathematische Beschreibungsmittel erfordert. Auch aus der Sicht des autonomen Fahrens gelten solche Fahrzeuge als schwer zu beherrschen (vergleiche [4]).

Besonders unerfahrene Fahrer und Fahrerinnen[1] sind beim Rückwärtsfahren mit Anhänger überfordert. Aber selbst für professionelle Kraftfahrer, die tagtäglich mit Gliederfahrzeugen unterwegs sind, stellen rückwärtige Fahrmanöver mit Gliederfahrzeugen eine Herausforderung dar. Wir haben eine Reihe solcher Fahrer hinsichtlich der von ihnen empfundenen Schwierigkeiten beim Rückwärtsfahren mit Anhänger befragt. Folgendes wurde genannt:

- geringer Anteil des Rückwärtsfahrens an der Gesamtfahrzeit
- wenig intuitiver Lenkvorgang
- eingeschränkte Sicht nach hinten

Der erste Grund für die Schwierigkeiten ist darin zu suchen, dass nur zu einem kleinen Teil der Zeit, die ein Fahrer am Lenkrad verbringt, rückwärts gefahren wird. Oftmals werden deshalb notwendig werdende Rückfahrmanöver als außergewöhnliche Belastung empfunden.

---

[1] Im Folgenden wird der Einfachheit halber immer nur von Fahrern gesprochen werden.

Ein weiterer Grund ist der, dass der Lenkvorgang als unlogisch empfunden wird. Diese gilt insbesondere für den Einachsanhänger, der in diesem Artikel im Vordergrund steht. Denn, wenn man ein solches Gespann beispielsweise nach links einknicken möchte, ist zunächst nach rechts zu lenken. Erst wenn der Anhänger die gewünschte Fahrtrichtung eingenommen hat, wird das Zugfahrzeug in die ursprünglich intendierte Richtung gelenkt.

Den letzen Grund, den professionelle Kraftfahrer angeben, liegt in der Sicht nach hinten und zu beiden Seiten hin. Diese sind in Abbildung 1 verdeutlicht, (a) für die Linkskurve und (b) für die Rechtskurve. Bei der Vermessung der sichtbaren Bereiche bei unterschiedlichen Herstellern von Lastkraftwagen war immer die Seite, die abgewandt zum Fahrer ist, besonders schmal geschnitten. Während auf der Fahrerseite ungefähr 23° eingesehen werden konnten, waren es auf der anderen nur etwa 12°. Dies trägt dazu bei, dass Rechtkurven als besonders kritisch betrachtet werden. Insgesamt hat der Fahrer eine deutlich eingeschränkte Wahrnehmung bezogen auf die hinteren Fahrzeugteile, wobei er auch noch intensiv auf die Bewegung, die er mit der Spitze des Zugfahrzeugs macht, achten muss.

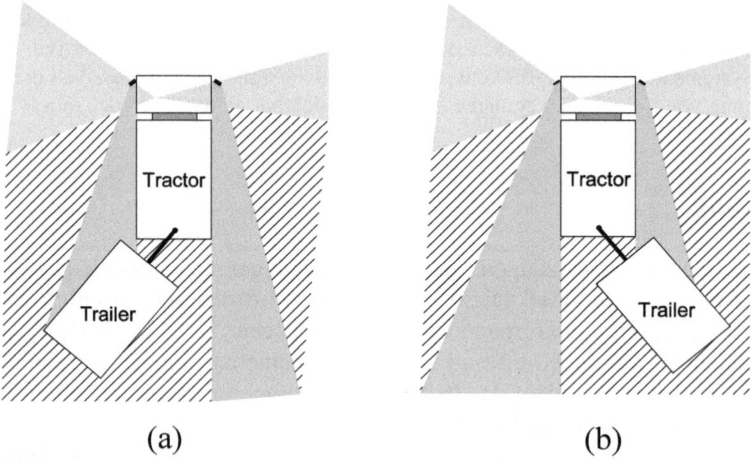

Abbildung 1: Sichtbarkeit von Zugfahrzeug und Anhänger (a) in einer Linkskurve und (b) in einer Rechtskurve.

Trotz aller Schwierigkeiten, die hier beschrieben wurden, sind uns wenige wissenschaftliche Untersuchungen bekannt, die sich mit der Kinematik von Gespannen und ihrer assistierten Benutzung auseinandersetzten (vergleiche [1], [2], [3], [5] und [8]). Dies ist umso verwunderlicher, als gerade diese Manöver bei Speditionen zu den herausragenden Schadensquellen gezählt werden. Aus diesem Grund sind im Rahmen einer Förderung durch das Land Rheinland-Pfalz[2] verschieden Formen der Fahrassistenz entworfen und prototypisch entwickelt worden. Diese verfolgen das Ziel, dem Fahrer geeignete Unterstützungen für das Rückwärtsfahren mit einachsigen Anhängern zu bieten. Eine Form der Assistenz, die auf einer visuellen Darstellung von Fahrkurven beruht, ist in diesem Artikel dargestellt.

---

[2] Stiftung Rheinland-Pfalz für Innovation

Dieser Artikel beginnt damit, die Hardware- und Software-technische Struktur des Lenkassistenzsystems zu beschreiben. Es folgt eine kurze Erläuterung der kinematischen Grundlagen von Gespannen, die die Voraussetzung bilden, um angemessene Lenkassistenz zu ermöglichen. Eine Bewertung der Lenkassistenz durch Testfahrer und eine abschließende Betrachtung runden den Artikel ab.

2 Architektur des Lenkassistenzsystems

Eine visuelle Unterstützung des Fahrers soll ihm die aktuelle Situation des Fahrzeugs in seiner Umgebung sowie die zukünftige Entwicklung der Fahrzeugbewegung anzeigen. Im Mittelpunkt stehen dabei sowohl Personenwagen mit Einachsanhänger wie beispielsweise Wohnwagen als auch Lastkraftwagen mit einachsigem Anhänger. Sattelschlepper mit Sattelauflieger haben ein unwesentlich modifiziertes Bewegungsverhalten und sind im aktuellen Prototyp noch nicht integriert. Aber eine Erweiterung der Assistenz auf diesen Fahrzeugtyp ist bereits in Arbeit.

Nach Gesetzeslage ist bei Lenkassistenzsystemen nach wie vor der Fahrer für alle Fahrzeugbewegungen verantwortlich. Er muss lenken, Gas geben und bremsen. Damit beeinflusst er allein den Zustand des Fahrzeugs, der von einem System von Sensoren wahrgenommen und an die Logik des Lenkassistenzsystems weitergeleitet wird.

Auf der anderen Seite verfügt der Fahrer über einen Bildschirm, in den die Sicht vom Anhänger aus nach hinten eingeblendet wird. Zusätzlich wird dieses reale Bild ergänzt durch eine Projektion der virtuellen Trajektorien, die sein Fahrzeug beim Rückwärtsfahren in Zukunft verfolgen wird. Diese Projektion stellt eine Überblendung der Realität dar und wird mit dem Schlagwort *augmented reality* bezeichnet. Beides, reale und virtuelle Darstellung, bildet die Mensch-Maschine-Schnittstelle bzw. *human machine interface* (*HMI* in Abbildung 2).

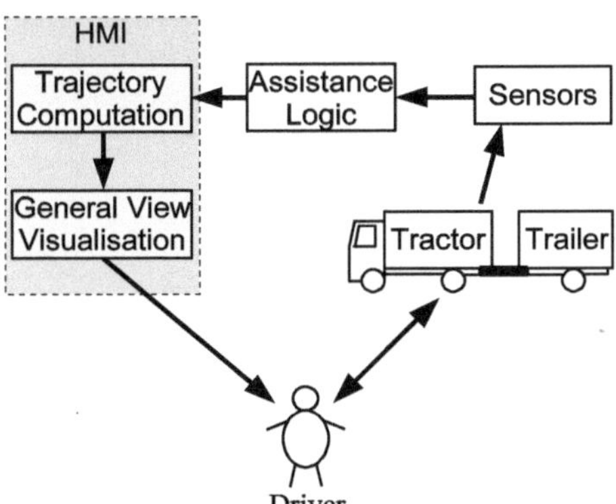

Abbildung 2: Blockdiagramm der wesentlichen Komponenten des Lenkassistenzsystems

Die Berechnung der Trajektorien und deren Projektion auf die rückwärtige Fahrfläche bildet eine zentrale Aufgabe des Lenkassistenzsystems. Dazu sind zwei entscheidende Kenngrößen erforderlich, die von entsprechenden Sensoren geliefert werden. Dies ist zum einen die aktuelle Lenkradstellung, die auf die Stellung der gelenkten Räder, den so genannten Radlenkwinkel α, umzurechnen ist. Zum anderen muss der Winkel zwischen den Längsachsen des Zugfahrzeugs und des Anhängers, der so genannte Einknickwinkel γ, ermittelt werden.

Der Einknickwinkel γ ist noch einmal genauer zu betrachten. Zwei Winkelwerte, und damit zwei Zustände, sind markant. Zum einen ist das der Winkel (K1), ab dem es nicht mehr möglich ist, das Gespann in Rückwärtsfahrt gerade zu richten. Wird dieser Winkel überschritten, dann ist es notwendig, zunächst ein Stück nach vorne zu fahren, um den Einknickwinkel wieder zu verkleinern. Diese unangenehmen Manöver kennt jeder, der eher selten mit Anhängern rückwärts fahren muss. Der andere Wert (K2) ist noch unangenehmer, ja gar gefährlich. Er bezeichnet denjenigen Einknickwinkel, bei dem eine vordere Ecke des Anhängers bereits mit dem Zugfahrzeug kollidiert. Winkel dieser Art sind unbedingt zu vermeiden.

Bei einem Lenkassistenzsystem ist besonderes Augenmerk auf die Mensch-Maschine-Schnittstelle zu legen. Neben den ergonomischen Gesichtspunkten (siehe auch Abschnitt 4) steigt und fällt der Nutzen einer Darstellung damit, inwieweit es gelingt, Änderungen des Fahrzeugzustandes unmittelbar zu erkennen und mit möglichst geringer Verzögerung an den Fahrer weiterzugeben.

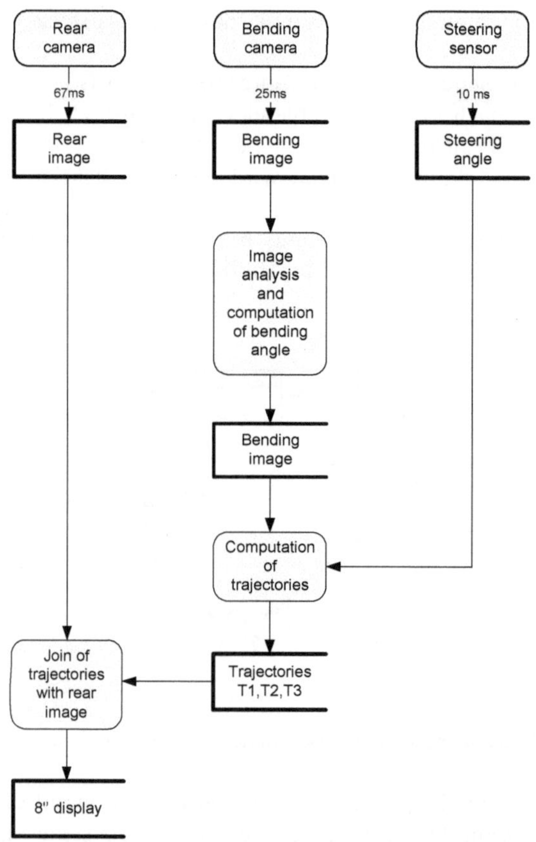

Abbildung 3: Blockdiagramm der wesentlichen Komponenten des Lenkassistenzsystems

Drei Sensoren, davon 2 Kameras, liefern die Eingabedaten in regelmäßigen Zeitabständen (siehe Abbildung 3, Zeitabstände an den oberen Kanten):

- Rückfahrkamera (*rear camera*): Diese Kamera ist am Heck des Anhängers angebracht und erfasst den rückwärtigen Bereich des Gespanns.
- Kamera zur Erfassung des Einknickwinkels (*bending camera*): Diese Kamera ist am Heck des Zugfahrzeugs angebracht und erfasst eine vermessene Musterfläche an der Stirnseite des Anhängers.
- Potentiometer am Lenkgestänge (*steering sensor*): Die ermittelte Spannung wird in den Radlenkwinkel α umgerechnet.

Die Eingangsdaten *rear image*, *bending image* und *steering angle* werden konkurrierend auf einem zentralen Rechner weiter verabeitet und auf einem Bildschirm angezeigt (vergleiche Abbildung 5). Grob sind drei wesentliche Aufgaben zu erledigen:

1. Mit einem photogrammatischen Verfahren wird aus dem *bending image* und der Geometrie des Gespanns der Einknickwinkel *bending angle* γ berechnet (vergleiche [8]). Die dazu notwendige Analyse des Pixelbildes dauert datenabhängig zwischen *30ms* und *60ms*.
2. Aus dem Einknickwinkel und dem Radlenkwinkel werden die Trajektorien (T1, T2, T3) berechnet. Die Dauer dieses Verfahrens liegt unter *2ms*.
3. Die Projektion und Verschmelzung der Trajektorien mit dem realen Bild der Rückfahrkamera dauert höchstens *11ms*.

Den Aufgaben (2.) und (3.) wird eine höhere Bedeutung eingeräumt als der Aufgabe (1.). Das hängt einerseits damit zusammen, dass das Bild der Rückfahrkamera aus Sicherheitsgründen so aktuell wie möglich sein soll. Des Weiteren soll der Fahrer den Eindruck haben, dass seine Lenkradbewegungen ohne erkennbare Zeitverzögerung weitergegeben werden. Lenkradbewegungen können viel abrupter sein als die Änderung des Einknickwinkels. Somit erhält die die Sequenz der Aufgaben (2.) und (3.) die höchste Priorität und wir alle *30ms* angestoßen, damit neue Bilder der Rückfahrkamera in weniger als *100ms* an den Fahrer gegeben werden können.

Die Aufgabe (1.) läuft auf niedrigster Priorität. Bedingt dadurch erhält sie erhält sie nur *(30-11-2)/30*-tel der Rechenzeit des Prozessors. Unter ungünstigen Bedingungen kann es deshalb fast 250ms dauern, bis die Veränderung des Einknickwinkels auf den Bildschirm in entsprechend veränderten Trajektorien wirksam wird. Dies ist bei den typischen Geschwindigkeiten beim Rückwärtsfahren gerade noch hinreichend.

3 Kinematik einachsiger Gespanne

Die Trajektorien, die das reale Bild überblenden, sind auf der Grundlage der kinematischen Eigenschaften von einachsigen Gespannen zu berechnen. Dynamische Eigenschaften der Fahrzeugteile können deshalb außer Acht gelassen werden, weil diese bei den typischen Geschwindigkeiten, mit denen rückwärtige Manöver ausgeführt werden, keine entscheidende Rolle spielen. Damit beschränkt sich die Assistenz auf Geschwindigkeiten von maximal *1m/s*, was bislang nicht als Einschränkung empfunden wurde.

Die Berechnung kinematischer Eigenschaften basiert darauf, die Fahrzeuggeometrie auf ein so genanntes Einspurmodell zu reduzieren. Dabei ist jede Achse auf ein einziges Rad reduziert, das zwei einzelne Räder ersetzt und in der Mitte der jeweiligen Achse positioniert ist (siehe Abbildung 4).

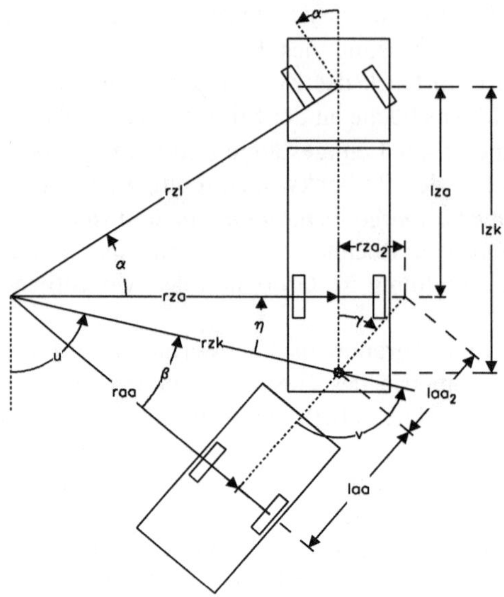

Abbildung 4: Geometrie eines Gespanns mit allen wesentlichen beschreibenden Größen.

Für einen gegebenen Lenkwinkel α wird sich das Zugfahrzeug immer auf einem Kreis oder einer Geraden bewegen. Diese generalisierende Aussage ist dahingehend zu präzisieren, dass sich alle Teile des Zugfahrzeugs ideal auf konzentrischen Kreisen bewegen. Dies gilt auch für die Anhängerkupplung. Damit ist eine wichtige Trajektorie, die unmittelbar vom Lenkwinkel α sowie der Länge lza abhängt, bereits bezeichnet (T1).

Kuppelt man einen Einachsanhänger an und fährt vorwärts, dann nähert sich die Bewegung jedes Teils des Anhängers nach kurzer Fahrt den konzentrischen Kreisen an, die das Zugfahrzeug nimmt. Bei festem Lenkwinkel α stellt sich ein stabiler Einknickwinkel $\gamma = f(\alpha)$ ein. Wir wollen jedoch rückwärts fahren. In diesem Fall ist das Verhalten nicht konvergent, sondern extrem divergent. Nach kurzer Fahrt wird der Einknickwinkel steigen und die oben erwähnten kritischen Werte (K1, K2) erreichen. Gerade dies soll ein Lenkassistenzsystem verhindern. Deshalb korrespondiert eine zweite Trajektorie (T2) zum stabilen Einknickwinkel γ und entspricht dem Kreisbogen in rückwärtiger Richtung, den das Gespann bei Vorwärtsfahrt mit festem Radlenkwinkel $\alpha = f^{-1}(\gamma)$ auch nehmen würde.

Die dritte und wichtigste Trajektorie (T3) beschreibt die Bewegung des Anhängers, genauer des Mittelpunktes der Anhängerachse. Die Berechnung dieser Trajektorie fußt auf Traktrix-Funktionen, bei denen die Traktion sowohl geradlinig als auch kreisförmig erfolgen kann (vergleiche [6] und [7]). An dieser Trajektorie wird die Stabilität oder Instabilität des aktuellen Zustandes deutlich. Ist der Zustand stabil, dann nähert sich diese Trajektorie (T3) der zweiten Trajektorie (T2) an. Im instabilen Fall hingegen weicht sie davon stark ab und kann nur für ein kurzes Stück gezeichnet werden. Dies ergibt sich daraus, dass schon nach kurzer Fahrstrecke die beiden kritischen Punkte überschritten (K1) bzw. erreicht werden (K2) und es keinen Sinn macht, beispielsweise die Trajektorie (T3) über den Kollisionspunkt hinaus zu betrachten.

4 Die Mensch-Maschine-Schnittstelle

Die drei Trajektorien sind die entscheidende Grundlage der Mensch-Maschine-Schnittstelle, die technisch von einem 8''-Bildschirm gebildet wird. Dieser Bildschirm sollte im Sichtbereich des Fahrers angebracht sein, damit gleichzeitig der vordere Bereich des Fahrzeugs durch die Windschutzscheibe und der hintere Fahrzeugbereich über den Bildschirm[3] erfasst werden kann (vergleiche auch Abbildung 5).

Abbildung 5: Die Anordnung des Bildschirms in einer prototypischen Realisierung der Rückfahrassistenz.

Auf Grund der Reaktivität des Lenkassistenzsystems kann jede Bewegung des Lenkrades, die sich unmittelbar auf die erste und dritte Trajektorie (T1 und T3) auswirkt, verfolgt werden. Insbesondere wird dem Fahrer dabei sofort klar, wie sich Zugfahrzeug und Anhänger in Zukunft bewegen werden und ob sie derselben Kurve folgen oder nicht. Dabei sind in der Handhabung des Systems vier verschiedene Zustände zu unterscheiden.

- **Stabile Fahrt:** Das Ausbrechen des Anhängers ist eine beim Rückwärtsfahren oft erfahrene Situation. Dies lässt sich mit dem Lenkassistenzsystem sofort erkennen und verhindern. Das einzige, was der Fahrer dazu tun muss, ist

---

[3] Man kann für serienreife Lenkassistenzsysteme auch die bereits recht großen Bildschirme der Navigationssysteme ins Auge fassen, um sie für die visuelle Unterstützung der Rückwärtsfahrt zu nutzen.

durch Änderung des Lenkeinschlages die Trajektorie des Anhängers (T3) mit der des Gespanns (T2) zu verschmelzen. Dies gilt gleichermaßen für das Fahren geradeaus rückwärts wie auch für das Fahren rückwärts auf einem Kreisbogen.

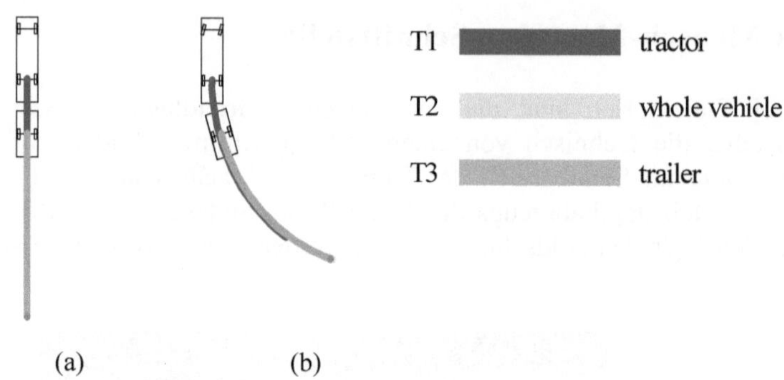

Abbildung 6: Trajektorien für die stabile Fahrt geradeaus rückwärts (a) oder auf einer Kreisbahn (b).

- Gezieltes **Einknicken** und gezieltes **Geraderichten**: Für Fahrmanöver sind zwei duale Zustände notwendig. Möchte der Fahrer beispielsweise rückwärts rechts um eine Ecke in einen Hof einbiegen, dann ist das Gespann zunächst nach links einzuknicken. Wie schon am Anfang beschrieben muss zunächst das als unnatürlich empfundene Manöver einer Lenkradbewegung nach links durchgeführt werden. In diesem Fall weist die Trajektorie des Zugfahrzeugs (T1) nach links, die Trajektorie des Anhängers (T3) jedoch bereits in die rechte Richtung, in die der Anhänger fahren soll. Angenommen, es ist das Ziel, das Gespann am Ende gerade im Hof zu parken, dann muss unmittelbar anschließend das Geraderichten erfolgen. Dabei ist das Lenkrad nach rechts zu zu drehen. In der Folge ergibt sich die Situation, dass die Trajektorie (T3) wieder nach links weist und so dem Fahrer unmittelbar zeigt, wohin der Anhänger sich bewegen wird.

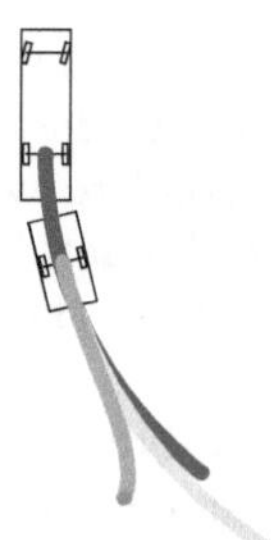

Abbildung 7: Die Trajektorie des Anhängers geht nach links und weist bereits darauf hin, dass ein Geraderichten des Anhängers im Gange ist.

Die Zustände Einknicken, Stabile Fahrt und Geraderichten lassen sich miteinander sinnvoll und durchaus intuitiv kombinieren. So wird ein Gespann zunächst in die gewünschte Richtung eingeknickt, dann fährt man solange wie nötig stabil auf einem Kreis, um dann das Fahrzeug im richtigen Augenblick zum Geraderichten zu bringen. Insbesondere im letzten Schritt kann man mit der Trajektorie (T3) geradezu auf die gewünschte Endposition des Anhängers zielen.

- **Kritisch**: Die Trajektorie (T3) repräsentiert durch farbliche Markierungen die beiden kritischen Zustände, die bereits weiter oben (vergleiche Abschnitt 2) erläutert wurden. Mit der Projektion der Kurve in den Bildbereich der Rückfahrkamera kann ein Fahrer nun genau sehen, wie weit er noch fahren kann, bis ein Geraderichten unmöglich (K1) wird oder eine Kollision stattfinden wird (K2).

5 Bewertung der Lenkassistenz

Nach der prototypischen Implementierung wurde das Lenkassistenzsystem von 14 Personen getestet. Der Personenkreis war sehr heterogen, was die Erfahrung der Fahrer, deren Führerscheinklasse sowie Alter und Geschlecht anging. Ein definierter Parcours war von jeder Person mit einem Personenwagen mit kurzem Anhänger zu absolvieren. Der Parcours bestand im Wesentlichen aus:

- Rückwärtsfahrt geradeaus
- Rechts und links um eine Ecke
- Heranfahren an eine Laderampe
- Rückwärtiges Einparken

In einer ersten Fahrt war der Parcours ohne Lenkassistenz zu bewältigen und dann in einer zweiten Fahrt mit Lenkassistenz. Während der Fahrt wurde die Herzfrequenz der Personen aufgezeichnet und später ausgewertet. Zusätzlich wurde nach den beiden Fahrten von jeder Person ein Fragebogen ausgefüllt.

Ohne Rückfahrassistenz gerieten viele Fahrer in kritische Situationen. Der Anhänger knickte stark ein und drohte, das Zugfahrzeug zu rammen. Solche Situationen sind beim Rückwärtsfahren mit Anhänger nicht mehr aufgetreten. Gleichzeitig wurde von den Fahrern wesentlich weniger Platz benötigt, um die Fahrmanöver zu absolvieren. Auch das Heranfahren an die Laderampe wurde durch die Rückfahrkamera wesentlich erleichtert und ein sehr präzises Annähern war möglich. Darüber hinaus reduzierten sich die Fälle erheblich, bei denen das Gespann wieder ein Stück nach vorne gezogen werden musste, um wieder in einen manövrierbaren Zustand zu gelangen.

Zusammengefasst lässt sich sagen, dass gerade Fahrer mit wenig bis keinerlei Erfahrung mit Anhängern die Rückfahrassistenz besonders schätzten. Bei Fahrern, die oft mit Anhängern fahren, fiel das Urteil weniger eindeutig aus. Die Möglichkeit, den rückwärtigen Bereich einsehen zu können, wurde eindeutig als Vorteil gesehen. Gleichzeitig waren jedoch aus der Gewohnheit heraus die Seitenspiegel die bevorzugte Informationsquelle, um festzustellen, wie sich der Anhänger bewegt und wie man deshalb reagieren muss.

6 Zusammenfassung und Ausblick

Mithilfe der visuellen Rückfahrassistenz waren alle Fahrer in der Lage, Fahrzeug und Anhänger stabil zu halten und gezielt zu manövrieren. Der Wert der Rückfahrkamera für die Sicherheit im rückwärtigen Bereich und die Zielführung des Anhängers war unbestritten. Gleichzeitig wurde gewünscht, dass die Reaktivität der Trajektorieneinblendung in Abhängigkeit vom Einknickwinkel erhöht werden sollte, damit Änderungen des Lenkradwinkels mit weniger Zeitverzögerung als Änderung der Trajektorie sichtbar werden. Ein weiterer Verbesserungsvorschlag geht dahin, die Bereiche an den hinteren Ecken des Anhängers, die nicht von der Rückfahrkamera erfasst werden, mit handelsüblichen Abstandssensoren zu versehen und deren Hinderniswarnungen dem Fahrer in geeigneter Weise sichtbar und gegebenenfalls hörbar zu machen.

Zur Zeit werden die oben erwähnten Verbesserungsvorschläge sowie eine Reihe weiterer evaluiert. Sie sollen in Nachfolgeprojekte einfließen. Des Weiteren wird zur Zeit untersucht, wie eine Assistenz für den noch wesentlich schwieriger zu manövrierenden Zweiachsanhänger aussehen kann. Ein erster Prototyp, der den Fahrer bei der stabilen Fahrt unterstützt, läuft bereits im Laborbetrieb.

Die Vermessung des Einknickwinkels findet in diesem Artikel nur am Rande Erwähnung. Dennoch handelt es sich um ein gleichermaßen unverzichtbares und anspruchsvolles Verfahren, dass sowohl für das hier beschriebene Lenkassistenzsystem benötigt wird als auch für Anwendungen im Bereich des autonomen Fahrens. Bislang werden nur planere Bewegungen des Anhängers richtig erkannt und weitergegeben (der so genannte Gierwinkel). Für eine weitergehende Nutzung im Gelände ist jedoch verlangt, auch die beiden anderen Freiheitsgrade (Nick- und Wankwinkel) zu ermitteln.

Literaturverzeichnis

1. Allen, T. and Tarr, R. (2005) "Driving simulators for commercial truck drivers – humans in the loop." In *3rd International Driving Symposium on Human Factors in Driver Assessment, Training, and Vehicle Design*, Rockport.
2. Balcerak, E., Schikora, J., Wojke, and Zöbel, D. (2004) "Maneuver-based assistance for backing up articulated vehicles." In *IEEE Conference on Robotics, Automation and Mechatronics (RAM'04)*, Piscataway: IEEE Operations Center, pp 1066-1071.
3. Berg, U., Wojke, P. and Zöbel, D.(2006) "Driving Simulator as Learning Environment for Backing Up Articulated Vehicles." In *Proceeding of DSC Asia/Pacific*, Tsukuba, Japan.
4. Laumond, J.-P., (1998) "Robot motion planning." *LNICS 229*, Springer-Verlag, Heidelberg
5. Whitmire, J., Tarr, R. and Allen, T. (2005) "Tractor-Trailer Simulation and the Assessment of Training Scenarios for City Driving: Skill Building in the Area of Left and Right Turns." In *Proceedings of DSC North America*, Orlando, USA.
6. Švestka, P. and Vleugels, J. (1995) "Exact motion planning for tractor-trailer robots" In *Proc. IEEE Int. Conf. on Robots and Automation*, Nagoya, Japan, pp. 2445-2450
7. Zöbel, D. and Balcerak, E. (2000) „Präzise Fahrmanöver für Fahrzeuge im Gespann." In R. Dillmann, H. Wörn and M. von Ehr, *Autonome mobile Systeme 2000*, Springer-Verlag, Berlin, pp. 148-156.
8. Zöbel, D., Schikora, J. and Wojke, P. (2004) Minimalized driver assistance for trailer backup. In *International Conference on Computer, Communication and Control Technologies (CCCT'04)*, vol. IV, Austin, USA, pp. 347-352.

DVB-T-C-S
Digitales Fernsehen über Antenne, Kabel und Satellit, MHP
Echtzeitübertragung im digitalen Fernsehen

Andreas Sieber

Sachgebiet Rundfunkübertragungssysteme
Institut für Rundfunktechnik GmbH
Floriansmühlstrasse 60
D- 80939 München
sieber@irt.de

Zusammenfassung. Die Verteilsysteme für den Rundfunk werden digitalisiert. Der Bericht beschäftigt sich mit der Übertragungstechnik für das digitale Fernsehen über Antenne, Kabel und Satellit. Dabei können sowohl Bilder, Ton als auch digitale Datendienste in Echtzeit an alle Empfänger im Empfangsbereich gleichzeitig verteilt werden. Diese digitale Verteiltechnologie ist kabelgebunden und kabellos für Punkt-zu-Multipunkt Kommunikation einsetzbar. Als Rückkanalsystem können ebenso kabelgebundene wie kabellose Individualkommunikationssysteme verwendet werden. Die Konvergenz aus Rundfunk und Mobilfunk wird die Zukunft beeinflussen.
Die Rundfunk-Verteilsysteme werden zunehmend beeinflusst durch die Entwicklung im Internet. So findet man in neuen Entwicklungen immer die Option, an verschiedenen Stellen des Übertragungssystems IP-Schichten zu verwenden. Aktuelle Weiterentwicklungen von DVB (DVB-H, DVB-S2) rundet den Beitrag ab.

1 Einleitung

Der Konsument kann heute digitales Fernsehen über Antenne, Kabel oder Satellit empfangen. Zusätzlich werden interaktive Inhalte von den Fernsehveranstaltern über MHP (Multimedia Home Platform) angeboten. Typische Datenraten dieser Rundfunkverteilwege liegen zwischen 4 und 38 MBit/s je nach Übertragungsweg. Im Studio bei der Fernsehproduktion werden zur Zeit bereits Datenraten von 160 MBit/s verarbeitet. Hier müssen effektive Kodierungsverfahren angewendet werden, um die Fernsehproduktionen möglichst wirtschaftlich über die Verteilwege zum Konsumenten zu übertragen.

2 DVB und MPEG-2

Digital Video Broadcasting (DVB) bildet das Dach für eine Vielzahl von Standards. Es wurde bei der Standardisierung darauf geachtet, dass die bereits analog genutzten Verteilwege (Terrestrik, Kabel, Satellit) wieder verwendet werden können. Ferner sollte eine maximale Gemeinsamkeit zwischen Terrestrik, Kabel und Satellit sichergestellt werden und die freie Auswahl an Parametern sollte skalierbare Systeme ermöglichen, die sowohl in der nutzbaren Bandbreite als auch in der Brutto-/Netto-Bitrate viele Freiheitsgrade bieten.

MPEG-2 (Moving Picture Expert Group) definiert das Gesamtsystem, die Synthese des Datenstroms, sowie die Video- und Audio-Kodierung. DVB stellt einen transparenten Übertragungskanal für digitale Fernsehsignale zur Verfügung. MPEG-2 definiert geeignete Verfahren um die Audio- und Video-Datenrate effektiv zu reduzieren.

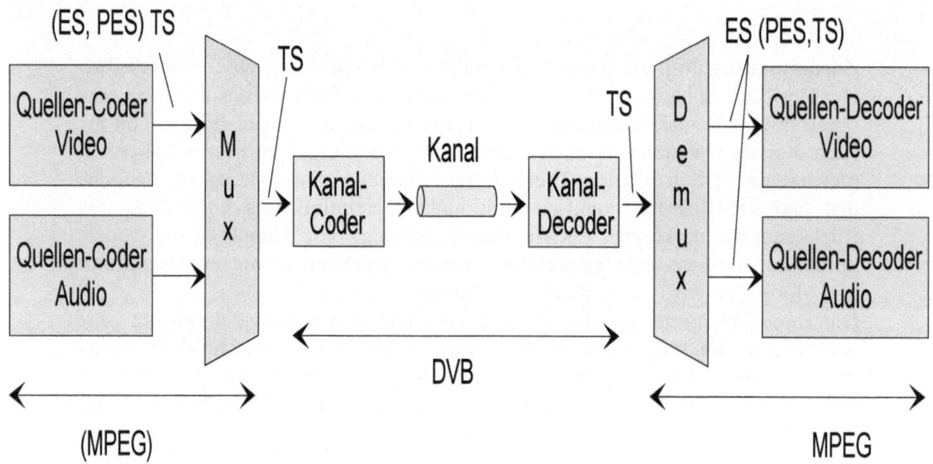

Abbildung 1: *Abgrenzung von DVB und MPEG, Quelle:Schäfer, IRT*

3 DVB Infrastruktur und Standards

Der MPEG-2 Transportstrom enthält Audio- und Video-Inhalte, Zeitsynchronisation und digitale Zusatzdaten aller Art. DVB sorgt dafür, dass dieser MPEG-2 Transportstrom über alle Arten von digitalen Übertragungswegen fehlerfrei übertragen wird.

Von DVB wurden Standards nicht nur für die klassischen Verteilwege über Terrestrik, Kabel und Satellit für den MPEG-2 Transport geschaffen, sondern auch die Rückkanäle, Messvorschriften und Interaktion mit anderen Heimgeräten wurden über einheitliche Schnittstellen definiert.

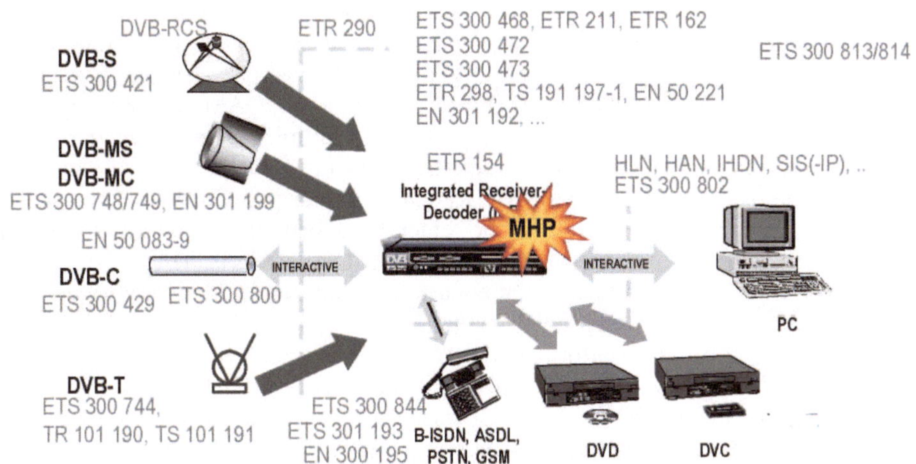

Abbildung 2: *Überblick der möglichen Übertragungswege in DVB, Quelle: Schäfer, IRT*
MS = Multipoint Video Distribution System
MC = Multipoint Coding + Frame Structure

4 Transportstrom und Paketierungsmechanismen

Der kleinste Teil eines Datenstroms in MPEG-2 ist der Elementary Stream (ES), der beispielsweise Daten einer Videocodierung enthält. Dieser Elementary Stream (ES) kann in Pakete verpackt werden und erhält dadurch Header, Längeninformation und Zeitsynchronisationsinformation. Diese Pakete haben eine variable Länge. Diese paketierten Elementarströme können Video- und Audio-Inhalte, Teletext Service Informationen, Conditional Access (CA) Informationen, IP-Pakete und Private Data, Applikationen und Applikations-Informationen enthalten. Der Paketised Elementary Stream (PES) wird in kleine Teile mit fester Länge geschnitten und mit Header-Information und Fehlerschutz versehen. Anschließend kommen noch Tabellen-Informationen hinzu, sodass sich daraus der Transportstrom (TS) ergibt.

Ein MPEG-2 Transportstrom fasst in einem Zeitmultiplex mehreren Komponenten von Audio und Video zu einem Programm zusammen. Er stellt die Synchronisation mehrerer Komponenten innerhalb eines Programms her. Im Multiplex können mehrere Programme für einen Übertragungskanal zusammengefasst werden.

Diese hier beschriebenen Mechanismen garantieren eine synchronisierte Übertragung von beliebigen digitalen Daten über DVB.

5 DVB-C/-S/-T und MHP

DVB-C (Cable), -S (Satellite), -T (Terrestrial) haben viele Gemeinsamkeiten. Alle Systeme nutzen den gleichen Fehlerschutzmechanismus, der aus einer Verkettung von innerem und äußerem Fehlerschutz besteht. Als äußerer Fehlerschutz wird ein Reed-Solomon Code mit der Coderate (204,188) verwendet. Als innerer Fehlerschutz wird ein Faltungscode mit Punktierung angewendet.

Die Modulatoren für die Trägerfrequenzen unterscheiden sich bei den 3 Systemen. Bei Satellit wird QPSK wegen seiner Robustheit verwendet, bei Kabel kann zwischen 16-, 32-, 64-, 128- und 256-QAM gewählt werden. Bei der Terrestrik erfolgt die Einzelträgermodulation in QPSK, 16- oder 64 QAM. Zusätzlich wird COFDM (Coded Orthogonal Frequency Division Multiplex) eingesetzt, um den Mehrwege-Empfang im terrestrischen Funkkanal sinnvoll zu nutzen.

Der Satellitenkanal kann bei 36 MHz Kanalbandbreite und Coderate ¾ etwa 39 MBit/s übertragen. Der Kabelkanal hat bei einer Kanalbandbreite von etwa 8 MHz und einer Modulation von 32-QAM etwa 32 MBit/s. Der terrestrische Übertragungskanal hat bei einer Kanalbandbreite von etwa 8 MHz und einer Modulation von 16-QAM etwa 13,3 MBit/s Übertragungskapazität.

Die Multimedia Home Platform (MHP) ist ein API und als eine einheitliche Plattform für alle Arten von Interaktion über DVB zu sehen. Interoperabilitätstests wurden am IRT durchgeführt und es wurde eine Testsuite entwickelt, die alle Implementierungen von MHP erfüllen müssen. Damit ist für alle Applikationsentwickler sichergestellt, dass Ihre Anwendung auf allen MHP-Geräten gleichermaßen lauffähig ist.

6 Variable Parameterwahl in DVB-T

DVB-Systeme können durch eine große Vielfalt an Parametern nahezu beliebig an Vorgaben angepasst werden. Durch die Wahl des inneren Fehlerschutzes mit Coderaten von 1/2, 2/3,3/4,5/6,7/8 und der Einzelträgermodulation von QPSK, 16-QAM und 64-QAM kann eine gewünschte Datenrate bei einem bestimmten Signal-Rausch-Verhältnis erzielt werden.

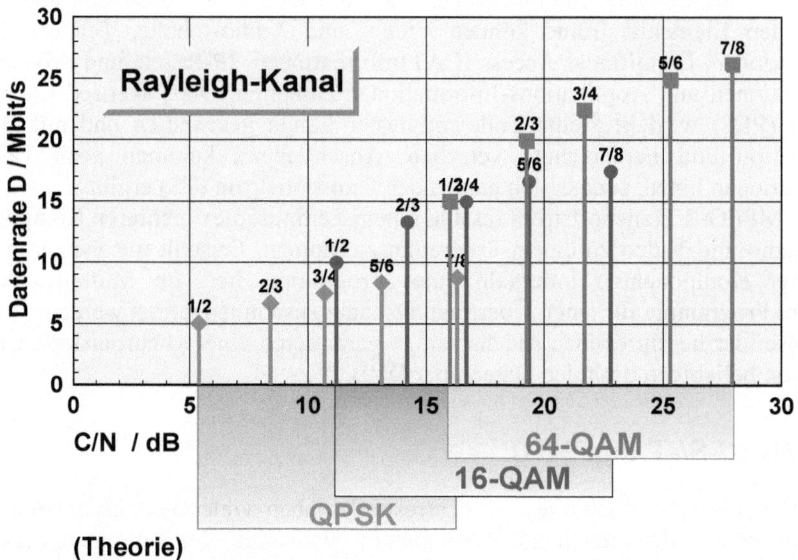

Abbildung 3: *Zusammenhang zwischen Parameterwahl, Signal-Rausch-Verhältnis und Datenrate bei DVB-T, Quelle: IRT*

7 DVB-H und DVB-S2

Das DVB-Konsortium hat über die Jahre immer wieder aktuelle Entwicklungen aufgegriffen und in neue Systeme einfliesen lassen. Die Internet-Euphorie hat dazu geführt, dass alle neuen DVB-Systeme Internet-Protokoll (IP) unterstützen müssen.

Bei DVB-H steht das H für Handheld. DVB-H ist eine Erweiterung von DVB-T. Mit DVB-H soll Fernsehen für kleine, batteriebetriebene Endgeräte mit oder ohne Rückkanal über IP möglich werden. Deshalb gibt es einen Stromsparmechanismus und einen zusätzlichen Fehlerschutz. Zur Grundsignalisierung wird der MPEG-2 Transportstrom verwendet. Audio-/Video- und Zusatzdaten werden über IP signalisiert. DVB-H Empfänger werden in Mobiltelefonen mit UMTS integriert, DVB-H-Empfangskarten werden für PDAs und alleinbetreibbare Geräte angeboten.

Auch DVB-S wurde erweitert. DVB-S2 setzt neueste adaptive Codierungen und Modulationen ein. Dadurch konnte die spektrale Effizienz gesteigert werden. Beispielsweise können nun 50 MBit/s in 36 MHz Kanalbandbreite bei 4 dB Signal-Rauschverhältnis und QPSK-Modulation übertragen werden. DVB-S2 soll alle Arten von Rundfunkdiensten, Interaktive Dienste mit und ohne Rückkanal über IP, Außenübertragung von Übertragungswägen zu den Funkhäusern und HDTV Übertragungen für den Endkunden ermöglichen.

8 Quellen

1. DVB-Projekt http://www.dvb.org/
2. ETSI-Standards http://www.etsi.org
3. Das IRT im Netz http://www.irt.de

Koexistenz unterschiedlicher Zeitanforderungen in einem gemeinsamen Rechensystem

Robert Kaiser

SYSGO AG, Am Pfaffenstein 14, D-55270 Klein-Winternheim
`robert.kaiser@sysgo.com`

Zusammenfassung. Der alltägliche Einsatz von Echtzeitsystemen ist durch eine Vielfalt unterschiedlicher Anforderungen, auch hinsichtlich der Art und Strenge von Zeitvorgaben geprägt. Wirklich „reine" Echtzeitsysteme, wie die Theorie sie beschreibt, bei denen sämtliche Prozesse gleichermaßen harten Zeitanforderungen unterliegen, sind in der Praxis eher selten. Viel häufiger findet man eine Mixtur unterschiedlicher, teilweise sogar widersprüchlicher Anforderungen. Dieser Beitrag befasst sich mit der Frage, wie diese grundverschiedenen Arten von Zeitanforderungen in einem System miteinander zu vereinen sind. Dabei werden „Kern-im-Kern" Systeme und Virtualisierungsumgebungen als mögliche Ansätze einander gegenübergestellt. Anhand der Beispiele RTAI und Xen wird auf spezifische Vor- und Nachteile dieser Ansätze eingegangen. Abschließend wird am Beispiel „PikeOS" im Detail gezeigt, wie auch in einer Virtualisierungsumgebung schnelle Reaktionszeiten und gute zeitliche Deterministik erreicht werden können.

1 Einleitung

In den meisten der heute eingesetzten Systeme finden sich Softwarekomponenten mit unterschiedlichen Zeitanforderungen. Typisch sind etwa Systeme mit Steuerungs- oder Regelungsaufgaben, die eine grafische Benutzerschnittstelle besitzen, und die heute in zunehmendem Maße auch Eigenschaften wie Netzwerkanbindung über TCP/IP und HTTP-Browser oder -Server bieten müssen. Dabei sind für die Steuerungs- bzw. Regelungsaufgaben in aller Regel harte Echtzeitfähigkeiten des Systems gefordert, die meist durch eine streng zeitgesteuerte Ablaufkontrolle realisiert werden. Bei der Benutzerführung hingegen bestehen eher weiche Zeitanforderungen und das System arbeitet reaktiv, d.h. der Ablauf wird durch Ereignisse bestimmt, deren Eintrittszeitpunkte nicht vorhersehbar sind. Die Internetanbindung schließlich unterliegt keinen strengen Zeitanforderungen, stattdessen wird erwartet, dass alle Funktionen so schnell wie unter den jeweiligen Bedingungen möglich ausgeführt werden, d.h. es ist eine möglichst vollständige und effiziente Ausnutzung aller verfügbaren Betriebsmittel gefordert.

Das unterlagerte Betriebssystem steht nun vor der Aufgabe, die Anforderungen derart miteinander in Einklang zu bringen, dass es zu einer effizienten Koexistenz der einzelnen Subsysteme kommt.

2 Rechenlasten

Um den verschiedenen Anforderungen gerecht werden zu können, muss das Betriebssystem eine Klassifikation der einzelnen Rechenlasten anhand der ihnen zugrunde liegenden Konzeptionen vornehmen.

2.1 Echtzeit- und nicht-Echtzeitsysteme

Dabei ist zunächst zwischen Echtzeit- und nicht-Echtzeitsystemen zu unterscheiden: Nicht-Echtzeitsysteme verwenden Konzepte wie dynamische Speicherzuteilung, virtuellen Speicher, Überbuchung, etc., die im Echtzeit-Umfeld aufgrund ihres unkalkulierbaren Zeitverhaltens unzulässig wären. Im Gegensatz dazu werden bei Echtzeitsystemen die Betriebsmittel für die einzelnen Programme vorab, d.h. statisch bereitgestellt. Sie müssen so bemessen sein, dass die Programme auch unter denkbar ungünstigsten Bedingungen (engl.: *worst case*) rechtzeitig zum Ergebnis gelangen. In aller Regel treten diese worst case Bedingungen jedoch nur sehr selten ein, sodass Echtzeitsysteme die ihnen zur Verfügung stehenden Betriebsmittel meist nur sehr unvollständig nutzen. Diese unvollständige Rechnerauslastung wäre wiederum im nicht-Echtzeit-Umfeld inakzeptabel.

2.2 Echtzeit-Unterklassen

Die Klasse der Echtzeitsysteme kann ihrerseits in zwei Unterklassen aufgeteilt werden. Bei der zeit- bzw. ereignisgesteuerten Ablaufkontrolle handelt es sich um zwei grundverschiedene Konzepte: während bei zeitgesteuerten Systemen ein fester Plan über den zeitlichen Ablauf der Prozesse vorliegt, werden ereignisgesteuerte Systeme durch eine nicht vorher absehbare Folge von Ereignissen getrieben. In beiden Fällen wird die Qualität des Ergebnisses anhand der Einhaltung von Fristen, sowie als „Jitter" gemessen, und bei beiden Konzepten können entweder „harte" oder „weiche" Echtzeitanforderungen gelten.

Ebenso wie Echtzeit- und nicht-Echtzeitsysteme sind auch ereignisgesteuerte zeitgesteuerte Systeme prinzipiell konträr und nur unter Abstrichen miteinander vereinbar: Erlaubt man beispielweise, dass ereignisgesteuerte Prozesse im Sinne einer schnellen Reaktion sofort auf Ereignisse reagieren können, so unterbrechen sie dadurch den vorgegebenen Ablauf der zeitgesteuerten Prozesse und verschlechtern damit deren zeitliche Deterministik. Erzwingt man umgekehrt die Unterordnung ereignisgesteuerter Prozesse unter den starren Ablaufplan der Zeitsteuerung, etwa indem man ihnen feste Zeitscheiben innerhalb dieses Ablaufplans zuweist, so werden Reaktionen auf externe Ereignisse immer bis zum Eintritt der nächsten Zeitscheibe verzögert, d.h. in diesem Fall leidet die zeitliche Deterministik der ereignisgesteuerten Prozesse.

Immer, wenn zeit- und ereignisgesteuerte Prozesse koexistieren sollen, muss einem der beiden Konzepte der Vorrang eingeräumt werden, und als direkte Konsequenz dieser Entscheidung muss in Kauf genommen werden, dass die Deterministik der jeweils anderen Seite dadurch verschlechtert wird. Dieses Dilemma ist –zumindest auf Einprozessormaschinen– grundsätzlich nicht lösbar. Aber selbst die Frage, welchem der beiden Ansätze der Vorrang zu geben ist, lässt sich bei alltäglichen Anwendungsfällen nicht immer pauschal beantworten: Denkt man an das eingangs erwähnte Beispiel eines Steuerungs- bzw. Regelungssystems mit grafischer Benutzerschnittstelle, so ist zunächst intuitiv einzusehen, dass hier das zeitgesteuerte Subsystem der Steuerung bzw. Regelung in der Regel die härteren Zeitanforderungen haben wird, und dass es somit vorrangig vor der ereignisgesteuerten Benutzerschnittstelle zu behandeln ist. Kommt allerdings als weiteres reaktives Subsystem beispielsweise eine Not-Aus Funktion hinzu, so wäre dieser wiederum Vorrang vor dem zeitgesteuerten System zu geben.

2.3   Auswirkungen auf die Betriebssystemschnittstelle

Nach dem oben Gesagten sind drei konzeptionell verschiedene Klassen von Rechenlasten zu unterscheiden:

1. Nicht-Echtzeit
2. Echtzeit, zeitgesteuert
3. Echtzeit, ergeignisgesteuert

In vielen der bereits heute alltäglichen Echtzeitsysteme finden sich zahlreiche Funktionskomponenten, die jeweils einer dieser Klassen zuzuordnen sind. Die verschiedenen Komponenten benötigen unterschiedliche Funktionalitäten seitens des Betriebssystems. Dies ist insofern problematisch, als eine Betriebssystemschnittstelle für gewöhnlich global, d.h. allen Anwendungen gemeinsam ist. Sie muss daher den Erfordernissen aller drei Klassen gleichermaßen gerecht werden, was in der Praxis entweder dazu führt, dass diese Schnittstelle sehr komplex (und damit fehleranfällig und schwer beherrschbar) wird, oder dass sie lediglich einen mehr oder weniger guten Kompromiss zwischen den Anforderungen der verschiedenen Anwendungsteile darstellt.

3   „Kern-im-Kern" Systeme

Diese Problematik hat schon vor etlichen Jahren den Wunsch geweckt, mehrere, für den jeweiligen Zweck spezialisierte Schnittstellen in einem Rechensystem vereinen zu können. Eine Möglichkeit dazu bieten die „Kern-im-Kern" Systeme wie Ardence RTX [1], RTLinux [2] oder RTAI [3]: Sie implementieren eine dedizierte Echtzeitschnittstelle, während die Schnittstelle ihres „Wirtsbetriebssystems" (Windows bzw. Linux) nahezu unverändert erhalten bleibt und für nicht-zeitkritische Anwendungen zur Verfügung steht. Diese Systeme arbeiten mit einen eigenen Betriebssystemkern, der als Gastsystem in den Kern des Wirtssystems integriert wird. Er übernimmt die Kontrolle über die Interruptschnittstelle und bietet dem Wirtssystem ersatzweise eine Emulation dieser Schnittstelle an. So kann das Wirtssystem zwar weiterhin kritische Sektionen durch Maskieren von Interrupts schützen, jedoch verhindert es damit nicht mehr die Behandlung von Interrupts an sich, sondern lediglich deren Zustellung an das Wirtssystem.

Das Gastsystem hingegen hat direkten Zugriff auf die „echte" Interruptmaske und kann so auch dann auf Interrupts reagieren, wenn das Wirtssystem diese maskiert hat. Die Aktivitäten des Gastsystems werden grundsätzlich vorrangig behandelt: nur wenn keiner der dem Gastsystem unterstehenden Echtzeitprozesse aktiv ist, wird das Wirtssystem –gleichsam als „idle-Task" des Gastsystems– ausgeführt.

Dieser Ansatz stellt eine einfache und wirkungsvolle Möglichkeit zur Koexistenz unterschiedlicher Zeitanforderungen in einem System dar: Echtzeitprozesse können mit guter zeitlicher Deterministik rechnen, während sämtliche von ihnen nicht genutzte Rechenzeit den nicht-Echtzeitprozessen des Wirtssystems zugute kommt. Das Verfahren eignet sich gut, um relativ einfache Echtzeitfunktionen in ein bestehendes System zu integrieren. Bei zunehmender Komplexität der Echtzeitfunktionalität zeigen zeigen sich jedoch einige Nachteile dieses Ansatzes, die im Folgenden am Beispiel RTAI diskutiert werden:

3.1   Fehlende Isolation

RTAI und alle ihm unterstellten Echtzeitprozesse arbeiten als Kernkomponenten im privilegierten Prozessormodus. Jeder Fehler in einer Echtzeitanwendung ist somit in der Lage, das gesamte System zu Fall zu bringen, d.h. sämtlicher Echtzeit-Code muss zur „trusted Code Base", also zu der Menge an Code gezählt werden, auf deren unbedingte Fehlerfreiheit alle anderen Komponenten des Systems vertrauen müssen. Umgekehrt ist auch der oft einige Millionen Zeilen umfassende Code des Wirtssystems „trusted Code" aus Sicht der Echtzeitanwendungen. Der „Kern-im-Kern" Ansatz bietet keine Infrastruktur zur Beherrschung dieser Komplexität. Gerade Echtzeitsysteme werden aber häufig in Anwendungen eingesetzt, für die erheblich höhere Anforderungen an Sicherheit und Verlässlichkeit gelten, als dies im anderen Bereichen der Informationstechnik üblich ist. Die einschlägigen Standards für solche Systeme (z.B. [4] und [5]) fordern im Allgemeinen eine umfassende Validierung der gesamten „trusted Code Base". Dies ist hier allein schon aufgrund der enorm großen Menge an „trusted Code" kaum wirtschaftlich realisierbar.

3.2   Abhängigkeit zwischen Priorität und Vertrauen

RTAI entscheidet ausschließlich aufgrund der Priorität, welcher Prozess zur Ausführung gelangt. Ein Prozess mit hinreichend hoher Priorität ist damit in der Lage, alle weniger hoch priorisierten Prozesse unbegrenzt lange zu blockieren, einfach, indem er den Prozessor nicht freigibt. Somit muss umgekehrt jeder Prozess einer gegebenen Priorität auf das kooperative Verhalten sämtlicher Prozesse vertrauen, die eine höhere Priorität haben, als er selbst. Dies gilt insbesondere auch für das Zusammenspiel zwischen RTAI und seinem Wirtssystem Linux: Da Linux als niedrigst-priorer Prozess des RTAI-Systems behandelt wird, hat jeder RTAI-Prozess die Fähigkeit, das gesamte Linux-System mit all seinen Prozessen zu blockieren. D.h., auch wenn die Echtzeitprozesse in jeweils eigenen Adressräumen arbeiten, was im Falle von RTAI mit Hilfe der optionalen Komponente

„LXRT" auf einigen Plattformen möglich ist, so sind sie dennoch nach wie vor „trusted Code".

Es besteht eine Art „Zwangskopplung" zwischen der Priorität eines Prozess und dem Vertrauen, das andere Prozesse ihm entgegenbringen müssen. Dieser Zusammenhang entspricht aber nicht unbedingt den Entwurfskriterien: eine hohe Priorität wird einem Prozess im Allgemeinen eingeräumt, damit er bestimmten zeitlichen Anforderungen gerecht werden kann, während Vertrauen in sein korrektes Verhalten nur mit einer entsprechenden Validierung seines Programmcodes begründet werden kann.

3.3   Keine sichere Trennung der Schnittstellen

Der unter dem Echtzeitkern laufende Code darf keine Aufrufe in das Wirtssystem machen, da dies in aller Regel zu undefiniertem Verhalten führt. Umgekehrt sind die Funktionen der Echtzeitschnittstelle für nicht-Echtzeitprogramme nicht erreichbar. Programme müssen sich also eindeutig zwischen einer der beiden Programmierschnittstellen entscheiden. Es besteht aber bei einem „Kern-im-Kern" System keine Möglichkeit, die Einhaltung dieser Regel zu erzwingen, da die Echtzeitprozesse im Adress- und Namensraum des Wirtssystems arbeiten. Jede Echtzeitanwendung ist daher in der Lage, Aufrufe in den Kern des Wirtssystems zu machen und damit beliebiges Unheil anzurichten.

3.4   Keine Wahlmöglichkeit der Programmierschnittstelle

Bei komplexeren Systemen bringen viele Anwendungen ihre eigene Vorstellung über die Funktionalität der Echtzeitschnittstelle mit sich (vgl. Abschnitt 2.3). Sollen sie auf einem „Kern-im-Kern" System eingesetzt werden, so müssen sie manuell an dessen Schnittstelle angepasst werden. Werden mehrere Anwendungen in dieser Weise portiert, so müssen darüber hinaus auch die Wechselbeziehungen zwischen ihnen beachtet werden, denn sie arbeiten mit gemeinsamen Betriebsmitteln in einem gemeinsamen Adress- und Namensraum. Der „Kern-im-Kern" Ansatz erweitert die Funktionalität nur um eine einzige zusätzliche Echtzeitschnittstelle, die zudem in den meisten Fällen nicht an den einschlägigen Standards orientiert ist.

4   Virtualisierung

Virtualisierungslösungen gehen einen Schritt weiter: bei ihnen unterteilt ein als „Hypervisor" oder „Virtual Machine Monitor" bezeichneter Mikrokern die Betriebsmittel des Rechensystems in Untermengen, so genannte „virtuelle Maschinen" (VMs). In jeder dieser VMs kann nun ein ganzes Betriebssystem mitsamt seinen Anwendungen vollkommen unabhängig von den übrigen VMs arbeiten. Die Idee der Virtualisierung und erste Implementierungen entstanden bereits Mitte der 60'er Jahre bei IBM[6]. Haupt-Einsatzgebiet dieser Technik war und ist bis heute die Serverkonsolidierung. In letzter Zeit hat sie durch ihre Verfügbarkeit für die ia-32 Prozessoren (und damit auch für Desktop-PCs neue Aktualität erhalten). Die wichtigsten Produkte in diesem Bereich sind VMware[7] und Xen[8]. Beide erlauben es, auf einem Rechner mehrere verschiedene Betriebssysteme, oder mehrere Instanzen desselben Betriebssystems gleichzeitig zu betreiben. Damit besteht auch hier die Möglichkeit, unterschiedliche Betriebssystemschnittstellen in einer Maschine zu vereinen, allerdings ist deren Art und Anzahl prinzipiell nicht beschränkt. Da die VMs jeweils über getrennte Betriebsmittel verfügen, sind sie zudem sicher voneinander entkoppelt: Im Extremfall kann jede einzelne von ihnen abstürzen und neu starten, ohne dass die Übrigen dies wahrnehmen.

Der Virtualisierungsansatz ist somit vielseitiger als der „Kern-im-Kern"-Ansatz und er vermeidet dessen oben genannte Probleme. Aufgrund der sicheren Trennung der einzelnen Subsysteme ist er auch für komplexere Anwendungsfälle geeignet. Allerdings sind die meisten der heute existierenden Implementierungen für den Anwendungsfall der Serverkonsolidierung konzipiert. Die für Echtzeitsysteme erforderlichen Eigenschaften wurden dabei nicht berücksichtigt, was im Folgenden am Beispiel von Xen verdeutlicht werden soll:

4.1 Annahme anteiliger Prozessorzuteilung

Xen gibt jeder VM die Illusion, dass ihr zu jeder Zeit ein konstanter, prozentualer Anteil an der gesamten Prozessorleistung zukommt, d.h. dass die ihnen zugewiesene Rechenzeit kontinuierlich linear anwächst (siehe strichpunktierte Geraden in Abbildung 1).

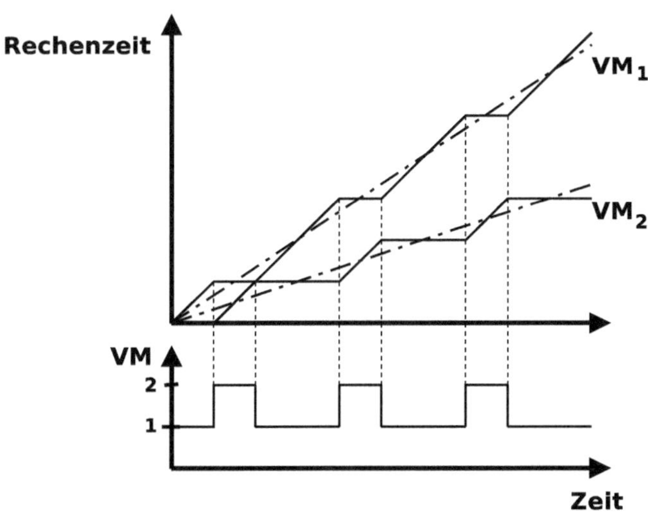

Abb. 1. Zugewiesene Rechenzeit virtueller Maschinen.

Diese idealisierte Sicht wird approximiert, indem der Prozessor[1] im Zeitmultiplex-Verfahren für jeweils bestimmte, zyklisch wiederholte Zeitscheibendauern zwischen den VMs umgeschaltet wird. Der tatsächliche Verlauf der zugewiesenen Rechenzeit hat bei dieser Approximation den in Abbildung 1 dargestellten, „rampenartigen" Verlauf. Durch die Umschaltungen kommt es aus der Sicht jeder einzelnen VM zu „Totzeiten" während derer sie (und damit zugleich alle in ihr ablaufenden Prozesse) nicht aktiv ist, d.h. keine neue Rechenzeit erhält. Sofern die Aktivitäten innerhalb der VMs nicht mit dem Umschalttakt des Hypervisors korreliert sind, können diese Totzeiten einen darin ablaufenden Echtzeitprozess an beliebiger Stelle unterbrechen, sodass sie seine Echtzeitfähigkeit, d.h. seine Fähigkeit, bestimmte Fristen oder Antwortzeiten einzuhalten, nachteilig beeinflussen. Die Totzeit ist zwar beschränkt, d.h. der Prozess wird nach wie vor zeitlich deterministisches Verhalten zeigen, aber seine Antwortzeit, Laufzeit, einzuhaltende Fristen und –falls es sich um einen periodischen Prozess handelt– sein Jitter erhöhen sich im ungünstigsten Fall jeweils um diese Totzeit. Um sie zu verringern, müsste die Frequenz der Umschaltung zwischen den VMs so weit wie möglich erhöht werden, was jedoch aufgrund der dabei entstehenden Umschaltverluste schnell an Grenzen stößt. In [9] wird gezeigt, dass die von innerhalb einer VM ablaufenden Echtzeitprozessen erzielbaren Antwortzeiten unter realistischen Annahmen immer um ein bis zwei Größenordnungen über denen von äquivalenten Anwendungen, die nicht unter einer VM arbeiten, liegen.

4.2 Kein deterministischer Ausführungsplan für VMs

Bei Xen kann jede VM ihre Zeitscheibe aufgeben, falls sie gerade keinen Rechenbedarf hat. Der Hypervisor aktiviert daraufhin die jeweils nächste VM. Dieses Verfahren ist im Sinne einer guten Betriebsmittelauslastung an sich vorteilhaft, es führt jedoch auch dazu, dass die Zeitpunkte der Umschaltung zwischen VMs und damit auch die zeitliche Lage und Dauer der oben erwähnten Totzeiten nicht vorher bestimmbar sind. Dadurch ist es zeitgesteuerten Echtzeitprozessen, die in einer VM arbeiten, nicht möglich, ihre Aktivitäten so darauf abzustimmen, dass Totzeiten vermieden werden.

5   Eine Virtualisierungsumgebung für Echtzeitsysteme

Die angesprochenen Probleme sind keine prinzipielle Eigenschaft von Virtualisierungsumgebungen, sondern Ausdruck der Tatsache, dass die Anforderungen von Echtzeitsysteme bisher nicht ausreichend berücksichtigt wurden. Dass es auch anders geht, zeigt die Virtualisierungsumgebung „PikeOS" [10]. Sie realisiert –ähnlich wie Xen– voneinander entkoppelte VMs, die jedoch, entsprechend der Zeitanforderungen der in ihnen arbeitenden Betriebssysteme, in die in Abschnitt 2.3 beschriebenen drei verschiedenen Klassen unterteilt werden. Auf die VMs dieser Klassen werden unterschiedliche Planungsverfahren angewendet:

---

[1] bzw. bei Mehrprozessorsystemen: die Prozessoren

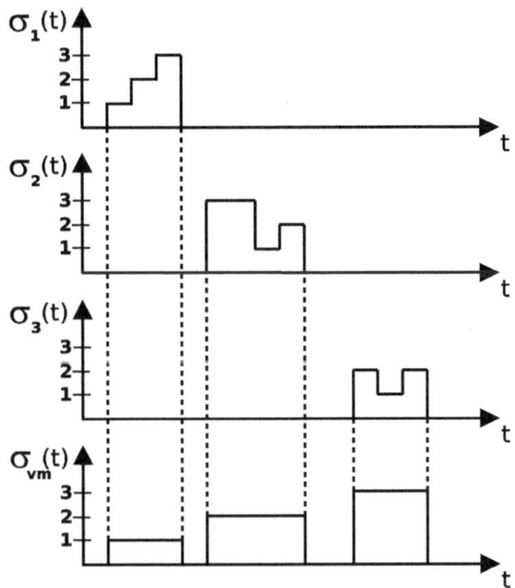

Abb. 2. Umschließender Ausführungsplan für zeitgesteuerte Prozesse.

5.1   Zeitgesteuerte Echtzeitprozesse

Zeitgesteuerte Echtzeitprozesse besitzen jeweils eigene Ausführungspläne $\sigma_i(t)$ (siehe Abbildung 2), die streng als Funktionen der Zeit definiert sind. Für die Gesamtheit dieser Ausführungspläne wird nun ein „umschließender" Ausführungsplan $\sigma_{vm}(t)$ bestimmt, der die Umschaltung der VMs steuert. Auf diese Weise wird sie mit den zeitgesteuerten Prozessen innerhalb der VMs so synchronisiert, dass die erwähnten Totzeiten nur dann auftreten, wenn die betroffenen VMs ohnehin keinen Rechenbedarf haben. Formal ausgedrückt: mit $\sigma_i(t)$ als Ausführungsplan der i-ten VM und $\sigma_i(t) \neq 0$ für jeden Zeitpunkt t zu dem einer ihrer Prozesse aktiv ist, ist der Ausführungsplan für die zeitgesteuerten VM:

$$\sigma_{vm}(t) = \begin{cases} i, \ \forall t \in R^+, i \in N^+, \sigma_i(t) \neq 0 \\ 0, \ \forall t \in R^+, i \in N^+, \sigma_i(t) = 0 \end{cases} \tag{1}$$

Dies setzt voraus, dass die zeitgesteuerten Ausführungspläne der VMs einander nicht überlappen. Falls sie periodisch wiederholt werden (was in den meisten praktischen Anwendungen der Fall sein wird), so müssen sie zudem mit der gleichen Wiederholungsfrequenz oder ganzzahligen Vielfachen einer gemeinsamen Grundfrequenz arbeiten. Diese Einschränkungen sind für viele praktische Anwendungsfälle akzeptabel.

Da alle zeitgesteuerten Ausführungspläne $\sigma_i(t)$ reine Zeitfunktionen sind, gilt dies auch für den umschließenden Ausführungsplan $\sigma_{vm}(t)$. Eine Umschaltung zwischen zeitgesteuerten VMs findet somit nur zu vorherbestimmten Zeitpunkten statt und nicht –wie bei Xen– auf Veranlassung von Programmen, die ihrerseits innerhalb von VMs arbeiten.

5.2 Ereignisgesteuerte Echtzeitprozesse

Wie in Abschnitt 2.2 erwähnt, haben zeit- und ereignisgesteuerte Prozesse widersprüchliche Anforderungen und die Frage, welche dieser beiden Klassen vorrangig zu behandeln ist, kann nicht generell, sondern nur mit Blick auf eine konkrete Anwendung beantwortet werden. Ein Betriebssystem sollte daher ein Höchstmaß an Flexibilität bieten, damit dem Systemkonfigurator möglichst alle Wege offen stehen. Bei PikeOS werden dazu den VMs neben Zeitschlitzen auch Prioritäten zugeordnet, und ereignisgesteuerte VMs erhalten „unendliche" Zeitschlitze, d.h. sie können jederzeit aktiv werden. So ist es möglich, dass ein ereignisgesteuerter Prozess, bzw. die VM, in der er arbeitet, andere VMs unterbrechen kann, sofern die Priorität seiner VM höher ist. Umgekehrt kann eine zeitgesteuerte VM mit Hilfe einer hinreichend hohen Priorität solche Unterbrechungen verhindern, sodass ereignisgesteuerte VMs nur außerhalb ihrer Zeitscheibe aktiv werden können. Durch eine geeignete Wahl von Prioritäten kann so für jede zeitgesteuerte VM individuell entschieden werden, ob (und falls ja: welche) ereignisgesteuerten VMs sie unterbrechen können. Diese möglichen Unterbrechungen geschehen auf Kosten des Zeitkontingentes der unterbrochenen VM, d.h. der Unterbrecher „stiehlt" dem Unterbrochenen Rechenkapazität. Der potenzielle Verlust muss ausgeglichen werden, indem die Zeitfenster *aller* unterbrechbarer VMs um die Summe der worst case Ausführungszeiten aller potenziellen Unterbrecher verlängert werden.

5.3 Nicht-Echtzeitprozesse

Allen VMs, in denen nicht-Echtzeitprozesse arbeiten, wird gemeinsam eine feste, niedrige Priorität zugewiesen. Auf diese Weise erhalten sie sämtliche Rechenzeit, die weder von zeitgesteuerten noch von ereignisgesteuerten VMs in Anspruch genommen wird. Insbesondere zeitgesteuerte VMs verfügen im Allgemeinen über Kontingente an Rechenzeit, die sie nur sehr selten im vollem Umfang nutzen. Diese ungenutzten Kapazitäten werden so dynamisch umgewidmet und von den nicht-Echtzeitprozessen des Systems genutzt. Da alle ihre nicht-Echtzeit-VMs auf derselben Prioritätsstufe arbeiten, wird diese Rechenzeit gleichmäßig über alle verteilt.

6 Zusammenfassung und Ausblick

Die vielfältigen Aufgaben praktisch eingesetzter Echtzeitsysteme führen zu konzeptionell so verschiedenen Anforderungen, dass sie die Verwendung unterschiedlicher Betriebssystemschittstellen nahelegen. Als Basistechniken zur Bereitstellung mehrerer Schnittstellen in einem Rechner wurden hier „Kern-im-Kern"-Systeme sowie Virtualisierungsumgebungen analysiert. Dabei wurden letztere Aufgrund ihrer größeren Flexibilität und -insbesondere- der besseren Möglichkeiten zur Kapselung als die überlegene Technik identifiziert, auch wenn die derzeit bekanntesten Implementierungen nicht explizit auf Echtzeitanwendungen eingehen und sie für diese auch nur wenig geeignet erscheinen. Am Beispiel der Virtualisierungsumgebung PikeOS wurden Techniken gezeigt, die eine an die jeweiligen Erfordernisse angepasste, unterschiedliche Behandlung virtueller Maschinen ermöglichen. Auf diese Weise entsteht eine Laufzeitumgebung, in der die vielfältigen Zeitanforderungen realer Echtzeitsysteme umgesetzt werden können, ohne dass dabei Kompromisse hinsichtlich der Betriebssystemfunktionalität gemacht werden müssen.

Die generelle Schwierigkeit, zeit- und ereignisgesteuerte Echtzeitprozesse miteinander in Einklang zu bringen, kann auch dieses System nicht lösen, wenngleich es hier immerhin ein sehr hohes Maß an Flexibilität bietet. Zur Lösung dieser Problematik wird derzeit an einer Erweiterung des vorgestellten Konzepts für Mehrprozessorsysteme gearbeitet: Dabei ist vorgesehen, zeit- und ereignisgesteuerte VMs jeweils an getrennte Prozessoren zu binden, und auf diesem Wege die beiden Konzepte voneinander zu entkoppeln.

Literaturverzeichnis

1. Ardence Inc. Ardence RTS - Real-time Extension for Control of Windows. Online: www.ardence.com, 2005.
2. M. Barabanov. A Linux-based RealTime Operating System, 1997.
3. P. Mantegazza, E. L. Dozio, and S. Papacharalambous. RTAI: Real Time Application Interface. *Linux J.*, 2000(72es):10, 2000.
4. IEC. Functional Safety of Programmable Electronic Systems: Generic Aspects. IEC 65A (Secretariat) 123, International Electrotechnical Commission, February 1992. Technical Committee no. 65, Working Group 10 (WG10).
5. RTCA. Software Considerations in Airborne Systems and Equipment Certification. Guideline DO-178A, Radio Technical Commission for Aeronautics, One McPherson Square, 1425 K Street N.W., Suite 500, Washington DC 20005, USA, March 1985.
6. R. J. Creasy. The Origin of the VM/370 Time-Sharing System. *IBM Journal of Research and Development*, 25(5):483–490, 1981.
7. VMware Inc. VMware ESX Server Online Documentation, 2005.
8. P. Barham, B. Dragovic, K. Fraser, S. H, T. Harris, A. Ho, R. Neugebauer, I. Pratt, and A. Warfield. Xen and the Art of Virtualization, 2003.
9. R. Kaiser. Scheduling Virtual Machines in Real-time Embedded Systems. OSPERT 2006, July 2006.
10. SYSGO AG. pikeOS: Multi-OS for critical Realtime Applications. Online: www.pikeos.com, November 2005.

Semantic-Web-Technologie für die ganzheitliche semantische Beschreibung von Mechatronikobjekten

Uwe Schmidtmann, Gerd von Cölln, Gerhard Kreutz, Jörg Thomaschewski, Rainer Koers, Bodo Wenker

Institut der Informatik für Automatisierungstechnik und Robotik (I^2AR)
Institut für Medien und Technik (imut)
FH OOW Emden

Zusammenfassung. Die Mechanik, der elektrische Aufbau und die Software von Fertigungseinheiten werden unabhängig voneinander mit verschiedenen Werkzeugen entwickelt und erst zum Schluss erfolgt die Systemintegration. Da zukünfige Fertigungen sehr flexibel sein müssen, sind nachgelagerte Modellierungs- und Simulationswerkzeuge (*Back-End-Tools*) unverzichtbar, die sich auf die Daten der elektrischen und mechanischen Konstruktion sowie auf die Zeitrestriktionen der Applikationen beziehen. Die Daten korrespondierender Teile eines mechatronischen Objektes (MO) lassen sich jedoch nur mühsam aus den von diesen Werkzeugen erzeugten Dateien ermitteln. Selbst neue Konzepte zur semantischen Beschreibung von Mechatronikobjekten (MO) reduzieren ihre Semantik auf die Anforderungen des jeweiligen Back-End-Tools.
In diesem Beitrag wird eine ganzheitliche semantische Beschreibung von MO vorgeschlagen, die in der Sprache OWL (Ontology WEB Language) formuliert wird und die so eine ganzheitliche Sicht auf MO gestattet. Dieser Ansatz lässt sich mit den Datenbankansatz vergleichen, bei dem auch alle Applikationen ihre eigenen Sichten auf gemeinsame Daten haben. Für die so definierten MO wird daher der Begriff *Holistic Mechatronic Object* (HMO) vorgeschlagen, der diesen ganzheitlichen Aspekt zum Ausdruck bringen soll. Darüber hinaus wird auch gezeigt, dass mit diesem Ansatz der Plug-und-Play-Philosphie Rechnung getragen werden kann.

1 Einführung

Zukünftige Fertigungsanlagen müssen flexibel auf indiviuell gestaltete Aufträge reagieren und leicht rekonfigurierbar sein. Die Industrie beginnt sich auf diese neuen Herausforderungen einzustellen, indem die Produkte und die Produktionslinien zunehmend unter dem Gesichtspunkt der Modularisierung geplant und entworfen werden. Stichworte wie Plug-und-Play oder allgemein SOA (Service Oriented Architecture) spielen eine wichtige Rolle bei der Suche nach den neuen Bausteinen der Automatisierungstechnik, die eine allgemein gültige Antwort der oben angesprochenen Probleme liefern.

Im letzten Jahrzehnt haben Amerongen [14] und Hewit [7] den Begriff „Mechatronikobjekt" informell mit der Umschreibung „a synergistic combination of mechanical and electrical engineering and information technology„ eingeführt. Inzwischen wird der Begriff MO als adäquater Name für die angesprochenen Fertigungsbausteine angesehen. Obwohl diese sehr allgemein gehaltene Umschreibung alle Aspekte des Entwurfs und des Konstruktionsprozesses umfasst, gibt es bis heute noch keine allgemein befriedigende semantische Definition von MO. So haben Bonfè und Fantuzzi [2,3] das Kontrollprogramm als wesentliches Charakteristikum eines MO identifiziert. Im Rahmen der durch UML geschaffenen Möglichkeiten, Prozesse *top-down* modellieren zu können (MDA, *model driven approach*), wird dieser Ansatz dahingehend erweitert, dass das Ziel der Ableitungen ihrerseits Funktionsblöcke sind wie beispielsweise die KORFU-Architektur von Thrambolidis [13].

Rekonfigurierbarkeit von Fertigungsanlagen und die kollaborative Fertigung basieren wesentlich auf der Darstellbarkeit, wie Komponenten miteinander verschaltet werden können. Das Konzept einer Service-Oriented-Architecture, die als intelligente Schnittstelle für Geschäftsapplikationen im Internet entwickelt worden ist, zeigt auch für die Wiederverwenbarkeit von MO einen Weg auf. Colombo u.a. sowie Jammes und Smit [4,9,8] haben daher vorgeschlagen, die Interoperabilität auf der Ebene der Geräte über einen SOA-Ansatz zu realisieren. Zentral für die Semantik eines MO ist in dieser Sicht die SOA-Schnittstelle eines MO. Ein MO kann Informationen über seine Schnittstellen den anderen, miteinander vernetzten Partnern einer Produktionseinheit mitteilen, so dass Plug-und-Play leicht realisierbar ist.

Diaz-Calderon u.a., Liang und Paredis [10,5] fokussieren ihren Blick auf die zu fertigende Produkte als MO und der Simulation des Fertigungsprozesses. Sie schlagen ein Modell vor, das auf der Idee des Ports basiert. Ein MO definiert seine Außenbeziehung über Ports, die miteinander verbunden werden können. Die Ports werden über ihre Eigenschaften ausführlich spezifiziert, so dass die möglichen Verknüpfungen in einer Simulation verifizierbar sind. Die Ports werden dabei in der neuen Sprache für das semantische Web, Ontology Web Language (OWL), definiert.

Die aktuellen Arbeiten am Institut I^2AR haben sich damit befasst, verschiedene Entwicklungswerkzeuge (CAD[1], CAE[2] und IDE[3]) so miteinander zu verbinden, dass eine Simulation der Fertigung bereits zu einem frühen Zeitpunkt auf der Basis der aktuellen Konstruktionsdaten automatisch machbar wird (s. [11]). Ein Konzept zur ganzheitlichen Datenhaltung, in dem es möglich ist, Informationen aus unterschiedlichen Werkzeugen miteinander zu verknüpfen, ist daher ein Muss. Beispielsweise ist die Antriebsachse eines Förderbandes (CAD) eng verbunden mit der Achse des Motors, der über den Frequenzumrichter und dem Feldbus mit der Steuereinheit (CAE) verbunden ist. Ein Simulationswerk-

---

[1] Computer Aided mechanical Design
[2] electrical Computer Aided Engineering
[3] Integrated Development Environment

zeug mit einer 3D-Visualisierung benötigt gerade diese miteinander assozierten Informationen.

In Abhängigkeit von der jeweiligen Applikation werden Mechatronikobjekte unterschiedlich angesehen und dementsprechend definiert. Diese unterschiedlichen Sichtweisen auf Daten ein und desselben Objektes sind den Entwicklern von Datenbanken oder von Datenbankapplikationen wohl vertraut. Jedoch ist die Situation im Fall der Mechatronikobjekte wesentlich komplexer im Vergleich zu der bei Datenbanken, da hier die Informationen von unterschiedlichen Werkzeugen in unterschiedlichen Formaten erzeugt werden. Verknüpfungen zwischen semantisch gleichartigen und miteinader verschaltbaren Elementen existieren nicht. Diese Informationen sind aber gerade für nachgelagerte Werkzeuge wie der Simulation von herausragender Bedeutung. Eine semantisch adäquate Beschreibung der Mechatronikobjekte sollte alle Aspekte von der Simulation bis zur Assemblierung der Produkte selber umfassen.

Colombo u.a., Jammes und Smit [4] und Liang and Paredis [10] haben bereits eingehend den Wert der Semantik-Web-Technologie OWL unter dem besonderen Gesichtspunkt diskutiert, dass sich Fertigungseinheiten im Sinne der Plug-und-Play-Philosophie leicht herstellen und verändern lassen. Mit dieser Arbeit soll auf den Wert und Gebrauch von OWL für die semantische Beschreibung von Mechatronikobjekten in der oben erläuterten, ganzheitlichen Form hingewiesen werden. Daher erscheint die Bezeichnung *holistisch* in diesem Zusammenhang gerechtfertigt zu sein.

Im Abschnitt 2 wird auf die OWL-Technologie und ihre wesentlichen Eigenschaften kurz eingegangen. Nach der Einführung der holistischen Mechatronikobjekte wird der Wert dieser Darstellungsmöglichkeit im Abschnitt 3 beispielhaft erläutert. Im Abschnitt 4 werden die Ergebnisse kurz bewertet und die weiteren Arbeiten vorgestellt.

2   Semantic Web Language OWL

Der Standard des semantischen Webs ist OWL (*Ontology Web Language*) und wird von der W3C [1] empfohlen. OWL [15] geht zurück auf die Kombination von DAML (*DARPA Agent MArkup Language*) und OIL (*Ontology Interference Layer*), die der Beschreibung logischer Zusammenhänge dient. Insbesondere wurde OWL entwickelt, um Web-Ressourcen semantisch spezifizieren zu können, die von autonomen Softwareagenten interpretiert werden sollen. Diese Ressourcen können sowohl simple Web-Seiten als auch komplexe Web-Services sein. Basierend auf XML ist OWL plattformunabhängig; Ressourcen können über das Netzwerk verteilt sein und von autonomen Agenten verändert werden. OWL sieht drei verschiedene Varianten vor: *OWL Lite:* Klassifikationen können hierarchisch strukturiert werden, einfache Restriktionen werden unterstützt. *OWL DL:* (*OWL Description Logics*) unterstützt die meisten Konstrukte von OWL. *OWL Full:* unterstützt eine aussagestarke Syntax mit dem Nachteil, nicht vollständig berechenbar zu sein.

OWL Lite ist eine Untermenge von OWL DL und OWL Full ist eine Obermenge von OWL DL. Beide, sowohl OWL Lite als auch OWL DL, sind wie DAML+OIL berechenbar, im ungünstigsten Fall jedoch ist die Komplexität der Berechungen exponentiell (s. [15]). Da die Informationen eines mechatronischen Objektes i.d.R. über mehrere Wissensdomänen (*knowledge domains*) verteilt sind, die ihrerseits wieder durch Klassen und Beziehungen modelliert werden, ist OWL (mit der Einschränkung auf DL) eine hervorragende Wahl zur Beschreibung solcher Objekte. In einer CAD-3D Umgebung kann beispielsweise für ein Transportband das Wissen wie nachstehend beschrieben werden. Der Ort der externen CAD-Daten wird ebenso eingebunden wie weitere Informationen, die von anderen Software-Werkzeugen gebraucht werden.

Die Verknüpfungen zwischen den verschiedenen Instanzen der Klassen werden durch die *OWL Properties* hergestellt. Gewöhnlich beschreibt eine Eigenschaft die Verbindung zwischen zwei verschiedenen Objekten. Liang und Paredis [10] zeigen, dass der Zusammenbau von Lego-Bausteinen (jeder Lego-Stein ist ein MO) zu einem neuen MO über die Attribute verifiziert werden kann. Beispielsweise kann überprüft werden, ob ein bestimmter Motor leistungsfähig genug ist, wenn er an das Getriebe eines Förderbandes anschlossen werden soll.

3 Semantische Definition der Holistischen Mechatronikobjekte in OWL

3.1 Motivation

Die Arbeiten [11] an einem Konzept zur automatischen Generierung einer Simulationsumgebung für Automatisierungssysteme (auf der Basis der Informationen aus Konstruktionswerkzeugen) haben den Anstoß gegeben, nach einer geeigneten Ontologie zur Beschreibung von MO zu suchen. Die Simulationen von Fertigungsanlagen ist auch unter dem Stichwort „digitale Fabrik" („digital fabrication") bekannt. In der aktuellen Praxis werden solche Simulationen einschließlich ihrer Visualisierungen mit speziellen Werkzeugen erzeugt, die eine erneute Zeichnung der Objekte und ihrer Programmierung erforderlich machen, da der Zugriff auf die realen Konstruktionsdaten nicht möglich ist. So wird das Mechatronikobjekt „Transportband" (s. Bild 1) mit den Werkzeugen CAD-3D, CAE, IDE, UML, etc. erstellt, die Ausgabedateien erzeugen, welche in keiner Relation zueinanderstehen. Die Informationen wie beispielsweise die Antriebsachse des Transportbandes (CAD) steht in keiner Relation zu der Achse des zugehörigen Motors, dessen Frequenzumrichter oder dem nachgeordneten Feldbus (CAE) usw. Auch Informationen aus Timing-Diagrammen von UML-Werkzeugen sind zu korrelierende Daten. Mit einigem Aufwand, der ein intensives Studium der API der diversen Werkzeuge bedingt, können manuell die nötigen Informationen aus den Werkzeugen selber sowie aus den exportierten Dateien wie z.B. den VRML-Dateien zu den CAD-Konstruktionen ermittelt werden.

CAD: In einem Fenster von LogoCAD[4] wird die Hierarchie der Geometrie-objekte zusammen mit ihren Namen dargestellt. Aus dieser Liste wird der Name der Antriebsachse *axis1* abgelesen. In der exportierten VRML-Datei wiederum ist *axis1* der Name des entsprechenden Transform-Knotens.

CAE: Der Schaltplans des Transportbandes in ePlan5[4] zeigt neben anderen Details die Verbindungen des Motors *M1* mit dem Frequenzumrichter *U1* auf. *U1* hängt an dem Feldbus *Profibus1* usw. Die Verbindung des Motors *M1* mit der Antriebsachse des Transportbandes ist aus diesem Plan nicht zu entnehmen.

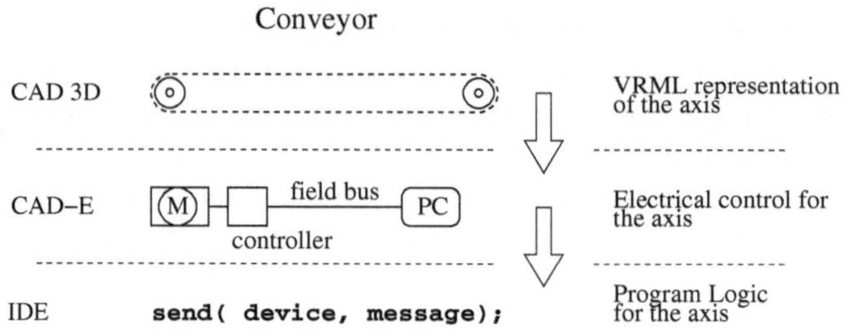

Abb. 1. Ein Transportband und seine Werkzeugkette

IDE: Der Feldbus *Profibus1* ist mit einem Industrie-PC verbunden, auf dem Tasks den Motor steuern. Unter Verwendung der *distributed real-time virtual machine (rt-dvm)* erfolgt die Ein- und Ausgabe über Botschaften an spezielle Tasks, die Geräte (*devices*) genannt werden (s. [12]). Die Programmierung eines solchen „Clusters" wird durch eine Werkzeugplattform *ems-drd*[5] wesentlich erleichtert. Die IDE ihrerseits verwendet Informationen über die angeschlossenen Ein- und Ausgänge, die auch im CAE Werkzeug generiert werden.

Das Konzept des *drd-simulator* (s. [11]) basiert auf der Idee, dass eine Simulation der unterliegenden Hardware einschließlich deren Visualisierung (Digitale Fertigung) einfach generiert werden kann, wenn die Echtzeittreiber der *Devices* durch virtuelle Treiber ersetzt werden, die die *Messages* an die jeweilige Simulation senden und deren Rückmeldungen empfangen können. Alle *Messages* der *rt-dvm* enthalten Zeitstempel zur Zeitüberwachung, die in der Simulation eingesetzt werden, um die Einhaltung der Zeitvorgaben überprüfen zu können. Dabei werden alle Zeitangaben gemäß des Zeitaktes der Simulation skaliert.

Damit der Entwicklungsprozess von MO effektiv verkürzt werden kann, wird ein einheitliches Metamodell für Mechatronikobjekte benötigt, das zudem andere nachgeordnete Werkzeuge in ihrer Arbeit unterstützt. Insbesondere muss das Wissen, das mit den verschiedenen Werkzeugen für ein MO entsteht, so zusammengeführt werden, dass eine einzige Darstellung mit beliebigen Sichten ermöglicht. Der erste Ansatz für ein adäquates Modell ergab sich aus der

---

4 [TM]EPLAN, http://www.eplan.org
5 [TM]SENGATEC http://www.sengatec.de

konkreten Werkzeugkette, die die CAx-Werkzeuge von EPLAN mit denen der IDE-Plattform *ems-drd* von SENGATEC miteinander verbinden sollte.

Da EPLAN ein ähnliches Projekt gestartet hatte, um ihre eigenen Werkzeuge mit Hilfe des *process information bus (PIB)* untereinander zu verbinden, ist im I2AR an der Fachhochschule in Emden ein entsprechendes Interface zum PIB entwickelt worden. Über diesen Mechanismus können in beiden Richtungen XML-basierte Telegramme ausgetauscht werden, so dass Elemente der unterschiedlichen Werkzeugen identifiziert und auch modifiziert werden können. Hieraus ergibt sich die Notwendigkeit, dass miteinander in Relation stehende Objekte aus verschiedenen Werkezeugen in irgendeiner Form hinterlegt werden müssen. Aus pragmatischen Überlegungen heraus sollten diese Links zunächst in ePlan5 als spezielle Funktionsbeschreibungen hinterlegt werden. Eine spezielle Notation war hierfür vorgesehen. Miteinander in Relation stehende Elemente werden durch das Symbol @ getrennt. Zusätzliche Attribute werden mit einem Unterstrich voneinander getrennt. Die Information selber wird in ePlan5 in Form einer Funkltionsbeschreibung `rotary_actuator_axis1@U1@Profibus1` hinterlegt. Gleich zu Beginn hat sich dieser Ansatz als zu speziell und als eine Überfrachtung der ePlan5-Pläne erwiesen. Andere wichtige Werkzeuge wie beispielsweise Matlab Simulink sind zudem nicht integrierbar. Außerdem ist es auch nicht hilfreich, wenn die zu erstellenden Produkte nicht auch als MO im selben Schema modelliert werden können. Eine einheitliche, semantische Beschreibung von Mechatronikobjekten ist dringend geboten, die das Attribut holistisch verdient.

3.2   Holistische Mechatronikobjekte beschrieben in OWL

Das Studium anderer Beschreibungsversuche (z.B. Colombo, Delamer, Jammes, Lastra, López und Smit [4,9,8] und Diaz-Calderon, Khosla, Liang und Paredis [10,5]) zeigen, dass eine solche Beschreibung folgende Eigenschaften haben sollte: (1) Eine Beschreibung aller Links zwischen Objekten aus verschiedenen Werkzeugen muss gewährleistet sein. (2) Die Plug-und-Play-Philosophie hinsichtlich des flexiblen Zusammenschlusses von Fertigungskomponenten sollte unterstützt werden. Gleiches hat für die Produkte als MO zu gelten. (3) Die Beschreibungssprache sollte auf anerkannten Standards beruhen.

Die oben zitierten Autoren [4] sehen in der Ontologiesprache OWL-S einen geeigneten Kandidaten, die die kollaborative Fertigung unterstützt „to materialise the vision of agile, flexible, reconfigurable and collaborative automation structures using a uniform technology base down from the shop floor up to top floor". Auch Liang und Paredis [10] sehen in OWL die Ontologiesprache, die eine gute semantische Darstellung von Bauplänen für Produkte ermöglicht. Sie verdeutlichen ihre Port-Ontologie sehr anschaulich am Beispiel von Objekten aus Legobausteinen.

Mit dieser Arbeit wird eine Beschreibungssprache für HMO vorgeschlagen, die verschiedene Sichten auf das Objekt zulässt. Jedes HMO besteht dabei aus verschiedenen Wissensdomänen, die in OWL formuliert werden. Eine spezielle

Domaine ist die *hmo*, die in jedem HMO enthalten sein muss und die untergeordnete HMO und ihre Relationen untereinander aufnimmt. Damit wird eine baumartige Struktur (s. Bild 2) erzeugt. Die Anzahl der Domänen ist variabel und hängt von der Anzahl der am Konstruktionsprozess beteiligten Werkzeuge ab.

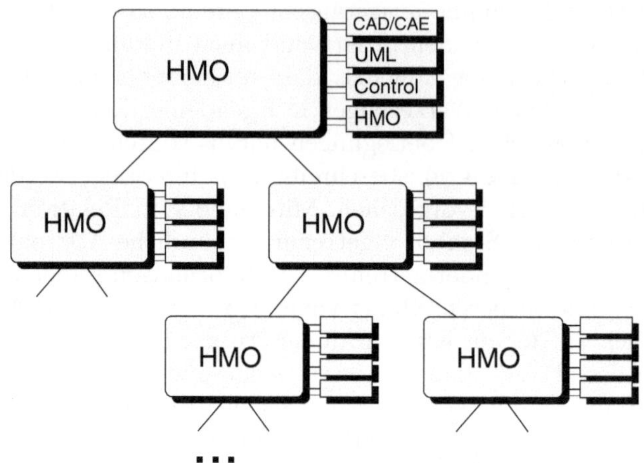

Abb. 2. HMO Baumhierarchie der HMO

Liang and Paredis [10] haben eine Port-Ontologie definiert, die die natürlichen Schnittstellen zwischen den Subsystemen und dem HMO zur Außenwelt beschreiben. Die Ports werden dabei über Attribute beschrieben, so dass eine Verifikation möglich ist, wenn sie miteinander verbunden werden. Beispielsweise lässt sich die Information über die *axis1* als Port vom Typ *rotary* mit dem Drehmoment im Bereich von 1 Nm bis 3 Nm definieren, die in der Wissensdomäne LogoCAD hinterlegt wird. Der Feldbus *Profibus1*, der Frequenzkonverter *U1* und der Motor *M1* sind Teil der Domäne ePlan5. Bild 3 zeigt die grafische Beschreibung der drei HMO *Belt*, *Drive* und *Control* in UML, die automatisch auf OWL abgebildet werden können. Das HMO *Drive* selber besteht aus den HMO *U2* und *M1*.

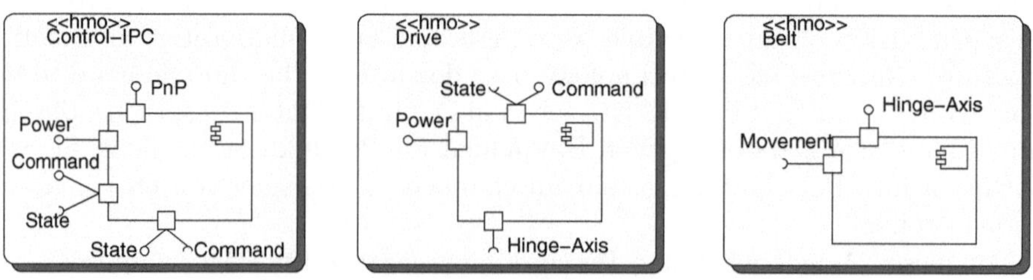

Abb. 3. Port-Beschreibung dreier HMO

```
<HMO rdf:ID="Belt_1">
    <physicalBody rdf:ressource="#Belt"/>
</HMO>
<HMO rdf:ID="Drive_1">
    <physicalBody rdf:ressource="#Drive"/>
    <electricalBody rdf:ressource="#Drive"/>>
</HMO>
<HMO rdf:ID="Control-IPC_1">
    <physicalBody rdf:ressource="#Control-IPC"/>
    <controlledBy rdf:ressource="#PLC"/>
</HMO>
<HMO rdf:ID="Conveyor">
    <consistsOf rdf:ressource="#Control-IPC_1"/>
    <consistsOf rdf:ressource="#Drive_1"/>
    <consistsOf rdf:ressource="#Belt_1"/>
</HMO>
```

Gamnod u.a. [6] haben gezeigt, dass mit einem Werkzeug die Abbildung des UML-Modells auf OWL-S so gestaltet werden kann, dass der Anwender mit wenig Aufwand seine OWL-Ontologien erstellen kann („with very little effort on behalf of the developer the transformation process from the UML model to OWL-S"). Dieses Werkzeug bewahrt den Anwender vor den Tücken der OWL-Programmierung und gestattet ihm, dass er sich auf die Beschreibung der Semantik (Dank UML) auf höchstem Abstraktionsniveau konzentrieren kann. Letzteres fördert die Akzeptanz der OWL-Technologie. Damit können über den automatisierten Prozess hinaus Restriktionen eingehalten werden, die die Effizienz der DL-Maschine zur Ausführungszeit wesentlich verbessert.

Über eine Verbindungsklasse *connection* (Teil der Domäne *hmo*) werden die Verbindungen der Ports untereinander beschrieben, so dass alle zusätzlichen Attribute über die Objekte des HMO allen Werkzeugen zur Verfügung stehen. Die Port-Ontologie ist aus dieser Sicht gut geeignet, die interne Struktur der HMO adäquat darstellen zu können. Sie ist offen für den modellorientierten Entwurfsansatz, der mit UML gegeben ist. Bild 4 zeigt die Modellierung der Verbindungen der drei HMO zu dem neuen HMO *conveyor*. Diese lassen sich automatisch auf die *connection class* abbilden.

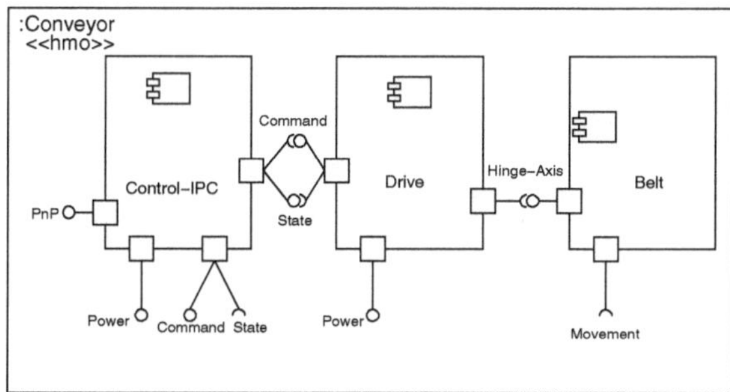

Abb. 4. Port-Beschreibung eines Transportbandes

LogoCAD, ePlan5 und viele andere Werkzeuge ermöglichen über spezielle Schnittstellenfunktionen, das Daten importiert und exportiert werden können. Dieser Import und Export lässt sich dabei semantisch in OWL beschreiben und analog zum Ansatz in OWL-S über spezielle Abbildungen auf die expliziten Funktionen dieser Werkzeuge abbilden. Damit kann auch die Plug-und-Play-Philosophie für Geräte, und andere Automatisierungskomponenten in das HMO-Konzept integriert werden.

4   Fazit

Mit dieser Veröffentlichung soll ein Weg aufgezeigt werden, wie Mechatronikobjekte semantisch umfassend beschrieben werden können, so dass alle Werkzeuge und nachgeordnete Programme ihre Sicht auf das Objekt realisieren können. Wir sehen in OWL des semantischen Webs die geeignete Sprache, in der Mechatronikobjekte umfassend definiert werden können. Eine Restriktion von OWL auf eine Untermenge, so dass sie berechenbar ist und dass ihre Komplexität der Berechung in einer vernünftigen Größenordnung liegt, ist nach dem jetzigen Kenntnisstand machbar. Die Ontologie HMO auf OWL DL beschränkt ist zumindest berechenbar. Sind die sich aus den Spezifikationen ergebenden Grafen zyklenfrei, so kann ein gutes Laufzeitverhalten erwartet werden. Die nötigen Einschränkungen hierfür sind nach dem jetzigen Kenntnisstand für den genannten Zweck nicht abträglich.

Die zukünftigen Arbeiten werden sich auf die Entwicklung eines Schemas HMO in OWL DL beziehen, in der die Ontologie von HMO so formuliert werden kann, dass das Laufzeitverhalten annehmbar ist. Zur besseren Akzeptanz dieses Ansatzes sollen Werkzeuge entwickelt werden, die die Generierung von HMO Ontologien über grafische Werkzeuge unter UML realisieren. Der Idealfall wäre erreicht, wenn bereits die Konstruktionswerkzeuge die HMO Ontologien unterstützen und zu ihrem Teil der jeweiligen Beschreibung beitrügen. Die Zeitrestriktionen aus den Timing-Diagrammen könnten so als Attribute in den HMO Test- und Verifikationswerkzeugen transparent zur Verfügung stehen.

5   Danksagung

Diese Arbeiten an einer digitalen Fabrikation wurden im Rahmen des europäischen Programms (EFRE2004.148) und dem niedersächsichen Landesprogramm (AGIP2004.623) unterstützt. Die Autoren möchten sich auch bei der VW-Stiftung bedanken, die im Rahmen des Forschungsschwerpunkts Cluster-Computing diese Arbeiten mit unterstützt hat. Dank wird auch den Firmen EPLAN, Phoenix Contact und SENGATEC geschuldet, die die Arbeiten durch ihre Unterstützung tatkräftig gefördert haben.

Literaturverzeichnis

1. Sean Bechhofer, Frank van Harmelen, Jim Hendler, Ian Horrocks, Deborah L. McGuinness, Peter F. Patel-Schneider, and Lynn Andrea Stein. Owl web ontology language reference. *[Internet]*, 2004. URL: http://www.w3.org/TR/2004/REC-owl-ref-20040210.

2. M. Bonfè and C. Fantuzzi. Mechatronic objects encapsulation in iec 1131-3 norm. *Proceedings of the 2000 IEEE International Conference on Control Applications*, pages 598–603, September 2000.

3. M. Bonfè and C. Fantuzzi. Design and verification of mechatronic object-oriented models for industrial control systems. *Proceedings ETFA'03 IEEE International Conference on Emerging Technologies and Factory Automation*, 2:253–260, September 2003.

4. A.W. Colombo, F. Jammes, H. Smit, H. Harrison, M. Lastra, and J.L. Delamer. Service-oriented architectures for collaborative automation. *Industrial Electronics Society, IECON2005*, pages 2643–2648, Nov. 2005.

5. A. Diaz-Calderon, C.J.J. Paredis, and P.K. Khosla. Organization and selection of reconfigurable models. *Proc. of the 2000 Winter Simulation Conference*, pages 386–393, Dec. 2000.

6. G.C. Gannod, R.J. Brodie, and T.E. Timm. An interactive approach for spezifying owl-s groundings. *Proceedings 9th IEEE International Enterprise Computing Conference (EDOC'05)*, 9, 2005.

7. J.R. Hewit and K. Bouazza-Marouf. Practical control enhancement via mechatronics design. *IEEE Transactions on Industrial Electronics*, 34(1):16–22, Februar 1996.

8. F. Jammes and H. Smit. Service-oriented architectures for devices – sirena view. *Proceedings of the Third International Conference on Industrial Informatics IN-DIN'05*, pages 140–147, August 2005.

9. F. Jammes and H. Smit. Service-oriented paradigms in industrial automation. *IEEE Transactions on Industrial Informatics*, 1(1):62–70, Februar 2005.

10. V.-C. Liang and C.J.J. Paredis. A port ontology for automated model composition. *Proc. of the 2003 Winter Simulation Conference*, pages 613–622, Dec. 2003.

11. U. Schmidtmann, G. Kreutz, N.P. Grimm, B. Wenker, and R. Koers. Inkrementelle entwicklung von produktionsanlagen über gekapselte mechatronik-objekte. *GI Eingebette Systeme, PEARL2005 Boppard*, Dezember 2005.

12. U. Schmidtmann, G. Kreutz, B. Wenker, and R. Koers. Eine echtzeitfähige, virtuelle Maschine auf heterogenen automatisierungsclustern. *GI Eingebette Systeme, PEARL2004 Boppard*, pages 80–86, September 2004.

13. K. Thramboulidis. Model-integrated mechatronics – toward a new paradigm in development of manufacturing systems. *IEEE Transactions on Industrial Informatics*, pages 54–61, Februar 2005.

14. J. van Amerongen. The role of control in mechatronics. *Engineering Science and Education Journal*, pages 105–112, June 2000.

15. Z. Zhang and J.A. Miller. Ontology query languages for the semantic web – a performance evaluation. Master's thesis, Department of Computer Science University of Georgia, http://chief.cs.uga.edu/ jam/home/these/zhijun-thesis/zhijun-zhang-200508-ms-thesis.pdf, 08 2005.

Kopplung von regelungstechnischer Analyse und Agentensystemen

Andreas Wannagat, Birgit Vogel-Heuser

Fachgruppe Eingebettete Systeme
Universität Kassel
Wilhelmshöher Allee 73
D- 34121 Kassel
`wannagat/vogel-heuser@uni-kassel.de`

Zusammenfassung. Der Einsatz von Agenten in der Automatisierungstechnik verspricht eine deutliche Reduktion der Komplexität beim Entwurf von Steuerungsprogrammen, eine vereinfachte Implementierung und ein hohes Maß an Flexibilität für den Betrieb einer Anlage. Aspekte, wie Echtzeit, Vorhersagbarkeit und Sicherheit scheinen mit dem verhandlungsorientierten und schlecht vorhersagbaren Verhalten von Agenten kaum vereinbar.
Der hier beschriebene Ansatz zur Integration quantitativer Methoden in einem Agentensystem verfolgt das Ziel, flexible agentenorientierte Systeme hinsichtlich ihrer systemtheoretischen Eigenschaften bewerten und zur Laufzeit beeinflussen zu können. Stabilität und ein optimaler Betrieb können damit garantiert und nachgewiesen werden.

1 Aufgabenstellung und Begriffsklärung

Der Einsatz von flexiblen und funktional zuverlässigen Agentensystemen eröffnet ein großes Potenzial zur Realisierung von selbst-lernenden sich selbst-optimierenden Automatisierungssystemen, die zur Laufzeit auf sich neu einstellende Situationen reagieren können und für ihr Verhalten die klassischen Methoden der Systemtheorie benutzen. Die Forschung und Entwicklung beim Entwurf und Einsatz von Agentensystemen ist jedoch bisher getrennt von der Systemtheorie einerseits und dem Automatisierungs- und Software-Engineering andererseits erfolgt. Eine Agententaxonomie oder gar eine -ontologie für die Automatisierungs- und Regelungstechnik ist bisher nicht verfügbar.
Zunächst soll der Begriff der Agenten eingegrenzt werden.

In der agentenorientierten Softwareentwicklung ist das Konzept des Agenten eine abgrenzbare Softwareeinheit mit einem definierten Ziel. Ein Agent versucht, dieses Ziel durch autonomes Verhalten zu erreichen und interagiert dabei kontinuierlich mit seiner Umgebung und anderen Agenten. [7, siehe auch 6]

Der Einsatz von Agenten erfolgt in einem extrem breiten Anwendungsspektrum [1] und die Definition eines Agenten reicht von einem verteilten System [4] bis zu sich selbst und ihrem Verhalten reflektierenden Agenten [5]. Einige der möglichen Merkmalsausprägungen sind im morphologischen Kasten (Abbildung 1) zusammengestellt. Eine anerkannte Agentenklassifizierung für den Bereich der Regelungs- und Steuerungstechnik existiert nicht.

Ein entscheidender Unterschied des agentenorientierten Ansatzes zur herkömmlichen Softwareentwicklung ist die Tatsache, dass die Gesamtheit der Systemstruktur und des Systemverhaltens nicht zwingend zur Entwurfszeit vollständig spezifiziert werden muss, sondern sich zur Laufzeit auf Basis der aktuellen Situation dynamisch bildet und flexible Interaktionen im Rahmen festgelegter Variationen (Protokolle) stattfinden können. Durch eine agentenorientierte Entwicklung kann die Berücksichtigung der Menge möglicher Abläufe im Gesamtverhalten des Systems aus der Entwurfsphase in die Laufzeit verschoben und dadurch die Komplexität des Entwurfes reduziert werden [3]. Diese Reduktion der Komplexität ist darin begründet, dass zur Entwurfszeit lediglich die Aufgabenbereiche der einzelnen Agenten und die Möglichkeiten ihrer Interaktionen vorgegeben werden müssen. Somit ist es nicht notwendig beim Entwurf alle möglichen Einzelsituationen zu betrachten und damit auch nicht den vollständigen Lösungsraum zu spezifizieren. Das Gesamtverhalten des Agentensystems ergibt sich aus der Kombination der konkreten Einzelverhaltensweisen der Agenten und der konkreten Interaktionen zwischen ihnen. Ob das sich einstellende Verhalten optimal ist, kann nicht beurteilt werden und bisher liegen keine Strategien vor dies zu erreichen. Die Integration einer systemtheoretischen Analyse zur Laufzeit kann hier Empfehlungen geben.

Merkmal	Ausprägung					
Autonomie	Autonom			Passiv		
Architektur	Reaktiv			Proaktiv		
	Gedächtnislos	Speichernd	FIPA	BDI	InteRRaP	...
Kommunikation	Synchron			Asynchron		
Sprache	Gemeinsam definiert			Interpretierend		
Protokolldefinition	Petri-Netze		Automaten		Text	
Weltmodell	Gemeinsam			Individuell mit Schnittmenge		
Adaptivität	Nicht adaptiv	Lernmechanismus				
		Imitierend		Selbstkritisch		Regelbasiert
Mobilität	Mobil			Stationär		
Wettbewerb	Kooperativ			Konkurrierend		
Kooperations-methode	Verhandelnd			Dominant / Devot		
Kenntnis der eigenen Fähigkeiten	Keine		Ressourcen		Skills	
Wahrnehmung der Umwelt	Durch Kommunikation			Durch Beobachtung		

Abbildung 1: *Alternativen im Rahmen des Agentenbegriffs*

Neben der Reduzierung der Komplexität durch die Verschiebung der Planung des Systemverhaltens in die Laufzeit, wird auch die Flexibilität auf Störungen oder Änderungen der Anforderungen zu reagieren deutlich erhöht. Eine aufwändige manuelle Neuplanung ist in einem agentenorientierten Ansatz nicht erforderlich. Die Entscheidungsfindung der Agenten bezüglich der Abläufe und der eingesetzten Ressourcen zur Laufzeit, begründet auf der einen Seite die Flexibilität eines agentenorientierten Ansatzes, auf der anderen Seite ist dies zugleich der Grund, weshalb das Verhalten eines Agentensystems kaum vorherzusagen ist. Für das Einhalten globaler Anforderungen hinsichtlich der Zeit und der Verlässlichkeit ist allerdings die Vorhersagbarkeit des Verhaltens notwendig. Wird das Verhalten mit systemtheoretischen Methoden erfassbar, schränkt dies sicherlich die Flexibilität ein, führt aber zu einem garantiert stabilen und zur Laufzeit vorhersagbaren Verhalten.

Beim Einsatz von Agententechnologie in der Automatisierungstechnik unter Nutzung der Methoden der Systemtheorie ergeben sich unter anderem folgende Fragestellungen:

- Konzepte zur Integration von systemtheoretischen Verfahren in Agentenkonzepte der Automatisierungstechnik.

- Systematische Entwurfsverfahren, mit deren Hilfe die Erfüllung bestimmter Anforderungen an das Systemverhalten des Agentensystems garantiert werden kann.

- Konzepte zur Realisierung der bidirektionalen Schnittstellen zur systemtheoretischen Analyse und Bewertung von Handlungsalternativen bzw. des Zustandsraums der Agenten zur Laufzeit (für einzelne Agenten).

2 Entwicklung eines Konzeptes für die Integration der Systemtheorie in das agentenbasierte Automatisierungssystem

Aufgrund der Komplexität heutiger automatisierungstechnischer Anlagen ist die vollständige explizite systemtheoretische Modellbildung nicht mehr mit vertretbarem Aufwand (Kosten, Zeit) und vor dem Hintergrund des finanziellen Nutzens zu erstellen [2]. Formale Beschreibungen beschränken sich daher zunehmend auf einzelne kritische Teilprozesse. Der Einsatz mathematisch abgesicherter Optimierungsmöglichkeiten und regelungstechnischer Methoden, um die Stabilität und Steuerbarkeit eines Prozesses zu gewährleisten, ist jedoch nur möglich, wenn der Prozess vollständig mathematisch erfassbar ist.

Die isolierte Modellierung aller Teilprozesse und eine entsprechende Regelung würde die Komplexität drastisch reduzieren, ist allerdings nur für entkoppelte Teilsysteme statthaft. Aufgrund prozessbedingter Abhängigkeiten, können die Teilprozesse meistens nicht als entkoppelt betrachtet werden. Systemtheoretisch sichergestellte lokale Stabilität bedeutet in diesem Fall nicht automatisch auch globale Stabilität. Schon einfache Beispiele, in denen unterschiedlicher Regler auf die gleiche Strecke zugreifen, ohne dass dies berücksichtigt wurde, zeigen, dass es zu Kompensationsreaktionen unter den Reglern kommen kann. Insbesondere dann, wenn eine Ressource nur in unzureichender Menge zur Verfügung steht und mehrere Regler diese anfragen. Jeder der Regler wird die unzureichende Ist-Größe mit einer steigenden Soll-Größe kompensieren, mit dem Resultat, dass das System instabil wird.

Mit Hilfe von Softwareagenten können diese Konflikte, im Hinblick auf ein Optimierungsziel der gesamten Anlage, vermittelt und gelöst werden. Durch die Eigenschaft, dass jeder Agent seine lokalen Ziele verfolgt, dabei aber globale und mit anderen Agenten verhandelte Einschränkungen berücksichtigt, kann sichergestellt werden, dass die lokalen Ziele miteinander vereinbar sind und es nicht zu den beschriebenen Wechselwirkungen kommt. Erst mit dieser Vorraussetzung ist es möglich durch den Einsatz von Agenten die Teilprozesse so zu kapseln, dass sie als entkoppelt angenommen werden können. Jeder der Teilprozesse wird systemtheoretisch modelliert, für gleiche Teilprozesse kann das gleiche Modell genutzt werden, da die Interaktionen zwischen den Teilprozessen nicht betrachtet werden müssen, was die Komplexität für systemtheoretische Modellierung der Anlage deutlich reduziert. Aus der Summe der Teilmodelle existiert somit implizit eine Beschreibung der gesamten Anlage.

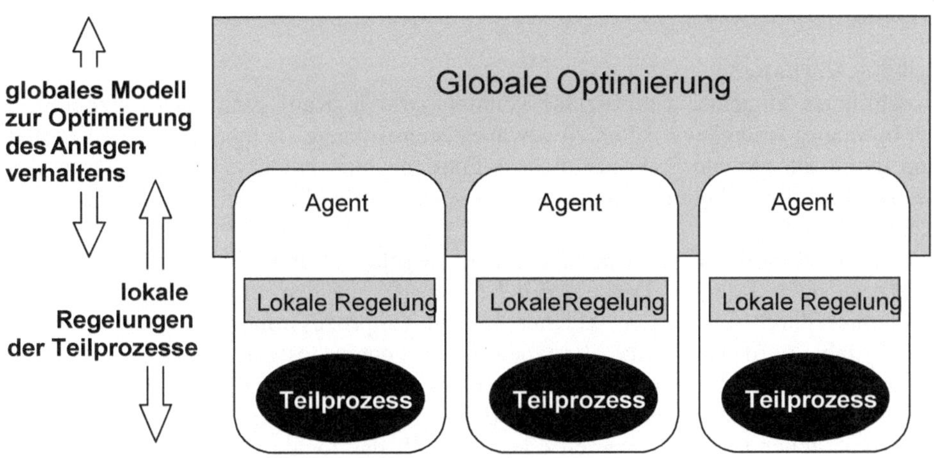

Abbildung 2: *Kapselung der Teilprozesse durch Softwareagenten*

Globales Verhalten

Selbst wenn Interessenskonflikte der einzelnen Agenten gelöst und damit die Teilprozesse entkoppelt werden können, stellt dies alleine nicht den optimalen Betrieb der gesamten Anlage sicher. Für eine globale Optimierung der Anlage mit systemtheoretischen Methoden und der Formulierung entsprechende Optimierungsziele für die einzelnen Agenten, ist ein weiteres systemtheoretisches Modell zu entwickeln, welches das Verhalten der einzelnen Agenten und des Agentensystems erfasst, nicht aber die gekapselten Teilprozess im einzelnen beschreibt (Abbildung 2).

Voraussetzung dafür ist, dass die Agenten ein Verhalten einhalten, welches regelungstechnisch leicht und in ähnlicher Weise wie eine unterlagerten Regelung einer Kaskadenregelung zu erfassen ist. De Facto unterscheidet sich das Prinzip nicht, solange der zugeordnete Agent keine Veränderungen an den Parametern seiner

Regelung vornimmt und damit das Verhalten des Subsystems verändert. Andererseits muss die Variation von Parametern nicht zwangsläufig zu einer Änderung der Verhaltensvorgabe führen, die der Agent einzuhalten versucht, sondern kann auch zu einem besseren Einhalten derselben führen.

Begründet in der Tatsache, dass nur entsprechend ausgelegte Regler direkt auf den Prozess einwirken und die Agenten eher justierende und planerische Aufgaben erfüllen, sind die zeitlichen Anforderungen deutlich geringer. Nichtsdestotrotz ist es erforderlich, dass die Verhandlungen selbst echtzeitfähig gestaltet werden, indem zu den festgelegten Zeiten auch sicher ein Verhandlungsergebnis zur Verfügung steht. Neben der Möglichkeit zeitliche Aspekte in die Verhandlungsstrategie aufzunehmen, um zum Beispiel die Kompromissbereitschaft der Akteure gezielt zu beeinflussen, ist es eine weitere Möglichkeit brauchbare Zwischenergebnisse aus der Verhandlung festzuhalten und den besten erreichten Stand zur Deadline umzusetzen. Konvergiert die Güte des Ergebnisses gegen ein Optimum, liegt zur Zeit der Deadline immer das beste bisher erreichte Ergebnis vor. Wie gut das erreichte Zwischenergebnis ist, lässt sich mit systemtheoretischen Methoden feststellen und am entsprechenden Modell erproben.

Lokales Verhalten

Instabilitäten einzelner Teilprozesse könnten zwar in Kauf genommen werden, um ein optimales Anlagenverhalten zu gewährleisten, solange sie modular geschützt sind und damit die globale Stabilität nicht gefährden, doch erhöht diese Betriebsart das Risiko für ein Fehlverhalten der Anlage ganz erheblich. Im Hinblick auf die Kapselung der Teilprozesse ist ein lokal stabiles Verhalten vorzuziehen. Dieses garantiert der Softwareagent mit Hilfe eines regelungstechnischen Modells und des entsprechenden Reglers. Der eigentliche Zugriff auf den Prozess geschieht ausschließlich durch den Regler, welcher für den Teilprozess optimiert worden ist, die Sollvorgabe wird durch die Vorgaben des Agenten festgelegt. Diese Vorgaben verändern sich nach dem Verhalten, welches der Agent einzuhalten versucht und richtet sich nach den lokalen Zielen des Agenten. Können die Vorgaben nicht zufrieden stellend erreicht werden oder wechselt das lokale Optimierungskriterium, werden daraus entsprechende Zielvorgaben des Agenten formuliert, die er gegenüber den anderen Agenten durchzusetzen versucht. Wechselnde lokale Ziele der Agenten aber auch globale Vorgaben an den Betrieb der Anlage, werden zur Laufzeit ständig neu verhandelt und ermöglichen so ein Höchstmaß an Flexibilität und Stabilität.

Um im Sinne des optimalen Ablaufs des eigenen Prozesses handeln zu können, ist es notwendig, dass der Agent jederzeit seine eigene Situation genau erfassen kann und des Weiteren auch in der Lage ist, mögliche alternative Pläne auf ihre Eignung zu prüfen.

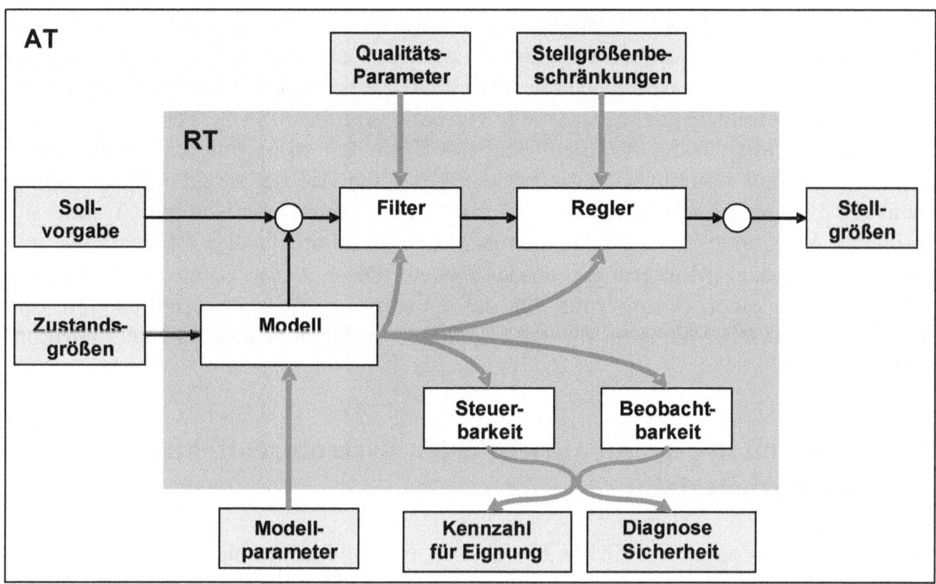

Abbildung 3: Darstellung der möglichen Schnittstellen zwischen dem regelungstechnischen Modell und dem Agenten (AT-Automatisierungstechnik, RT-Regelungstechnik)

Grundlage für Selbsteinschätzung des Agenten ist das integrierte regelungstechnische Modell, wie es in Abbildung 3 schematisch dargestellt ist. Der Agent kann in zweierlei Hinsicht auf dieses Modell zugreifen. Zum einen liefert er Parameter, um die Rahmenbedingungen für die Regelung zu übergeben und gegebenenfalls entsprechend der eigenen Ziele anzupassen. Zum anderen nutzt er das Modell um die Konsequenzen möglicher Pläne hinsichtlich eines Optimierungskriteriums oder der Stabilität abzuschätzen. Zeitliche Aspekte sind eine Anforderung, die im Hinblick auf den Test möglicher alternativer Pläne von entscheidender Bedeutung sind, ebenso wie Unterbrechbarkeit, Wiedereintrittsfähigkeit und Nebenläufigkeit.

Eine effektive Möglichkeit für den Informationsaustausch zwischen regelungstechnischen und automatisierungstechnischen Modell, basiert auf Parametern, welche optimaler Weise systemspezifisch festgelegt sind und daher sowohl im regelungstechnischen Modell als auch im Umgebungsmodell des Agenten die gleiche Bedeutung haben. Parameter dieser Art haben im Prozess eine Entsprechung haben und können zum Beispiel physikalische Größen oder Beschränkungen eines Wertebereichs sein. Für alle modellinternen Parameter, welche von diesen Größen abhängig sind, muss eine Berechnungsvorschrift vorliegen, damit eine Änderung der realen Systemparameter auch im Modell nachvollzogen werden kann. Auf diese Weise bleibt das Modell gültig und kann zur Anpassung der Strategie des Agenten und des Reglers genutzt werden. Des Weiteren lässt sich das Modell auch nutzen, um dem Agenten zu ermöglichen, durch Variation der Modellparameter entsprechende Szenarien des Teilprozesses nachzubilden, um die Eignung seiner Pläne zu quantifizieren oder Regler vorher zu testen. Im Hinblick auf mögliche Ausfallszenarien von Zustandsgrößen, stellt dies eine interessante Variante dar, auch einen defekten Sensor oder einen entsprechenden Ersatzwert für diesen simulieren und testen zu können. Voraussetzung dafür ist, dass der gegenwärtige Betrieb nicht beeinflusst wird und diese Pläne innerhalb einer Zeitspanne entworfen werden, dass sie bei der späteren Umsetzung nach wie vor Gültigkeit besitzen.

Die Möglichkeiten der Agenten lokal das Verhalten zu optimieren, reichen nicht aus, um auch ein optimales Verhalten der gesamten Anlage zu garantieren, zumal wenn die Ergebnisse der lokalen Ziele in jedem Agenten unterschiedlich sind. Ein optimales Anlagenverhalten ergibt sich aus der Vereinbarkeit aller lokalen Ziele und dem Einhalten der Anforderungen an das System. Diese Anforderungen ergeben sich zum einen aus einer Optimierung für das gewünschte Anlagenverhalten und zum anderen aus Beschränkungen für unerwünschte Anlagenzustände (Sicherheitskonzept).

3 Konzeption der agentenorientierten Systemarchitektur eines Anwendungsbeispiels

Bei dem Anwendungsbeispiel handelt es sich um eine kontinuierliche hydraulische Heizpresse für die Span- und Faserplattenherstellung. Für diese Teilanlage wurde ein Matlab/Simulink Modell erstellt. Die Presse besteht aus n Rahmen, welche mehrere Hydrauliksysteme besitzen, um die Presse zu positionieren. Ist die Solldistanz der Platte nicht erreicht, wird Druck aufgebaut und die entsprechenden Ventile werden geöffnet. Quer zur Arbeitsrichtung kann die Presse über die Hydrauliksysteme eines Rahmens geregelt werden. Eine Rahmengruppe besteht aus mehreren Rahmen und wird von einem dezentralen System geregelt. Die Distanzsensoren sind einem oder mehreren Rahmen zugeordnet und sind an diese über einen Aktor-/ Sensorbus angeschlossen. Die Ist-Drücke stehen an jedem Hydrauliksystem zur Verfügung. Im Falle des Ausfalls eines der Distanzsensoren müsste die Presse angehalten werden, da die Distanzregelung und die Sicherheitsüberwachung nicht mehr funktionsfähig sind. Zielsetzung eines auf Agenten basierenden Systems ist es, den Betrieb weiterhin zu ermöglichen, indem zur Laufzeit Ersatzstrategien gefunden werden.

Ein entsprechendes regelungstechnisches Modell, welches in jedem Agenten implementiert ist, würde in der beschriebenen Situation zwei Aufgaben erfüllen. Der ausgefallene Sensor würde wie eine nicht messbare Größe durch eine aus dem systemtheoretischen Modell errechnete Größe, im Sinne eines Beobachters, ersetzt werden. Noch vor dem Ersatz der gemessenen Größe durch einen errechneten Wert, kann mit Hilfe der Systemtheorie festgestellt werden, ob überhaupt ein berechneter Wert zur Verfügung gestellt werden kann (Beobachtbarkeit), wie er sich auf das Verhalten des Systems auswirkt (Stabilität) und ob die Anlage auf diese Weise noch zu betreiben ist (Steuerbarkeit). Diese Informationen nutzt der Agent um den lokalen Prozess so zu beeinflussen, dass der weitere Betrieb der Anlage möglich ist, indem er seine lokalen Ziele entsprechend anpasst und diese global gegenüber den anderen Agenten durchzusetzen versucht.

Die Kapselung der Teilprozesse in Agenten reduziert die Komplexität der regelungstechnischen Modellierung. Derzeit wird jedes Rahmensystem mit zwei Regelungssystemen betrieben, welche situationsbedingt alternativ eingesetzt werden. Die Schwierigkeit liegt in der Tatsache, dass die Randbedingungen, wie die

Materialeigenschaften (Temperatur, Feuchtigkeit und Herkunft der Holzesspäne) als auch die Betriebszustände (Anfahren, Produktion, Abfahren), sehr unterschiedliche Anforderungen an die Regler stellen. Sind diese komplexen Teilsysteme in ihrer Gesamtheit zu erfassen und das Verhalten optimal zu gestalten, ist dies mit bisherigen Ansätzen kaum zu realisieren.

Ein System, wie die zuvor beschriebene Presse, eignet sich in besonderer Weise für einen agentenorientierten Ansatz. Alle Rahmen der Presse sind von ähnlicher Struktur und besitzen jeweils fünf gleichartige Hydraulikzylinder mit identisch aufgebauten Regelkreisen. Der erste Schritt besteht darin, eine optimale Einteilung für die Subsysteme vorzunehmen, welche einem Agenten zugeordnet werden. Die kleinste denkbare Einteilung beschränkt sich auf einzelne Sensoren und Aktoren. Agenten könnten an dieser Stelle dafür Sorgen, dass zum Beispiel Sensorsignale im Sinne eines Smart-Sensors aufbereitet werden oder für Diagnose und Konfigurationszwecke genutzt werden. Ein solches System würde zu mehreren hundert Agenten führen, welche untereinander eine Strategie für den optimalen Ablauf aushandeln müssten. Planerisch wäre dies kaum zu überblicken und aus Sicht des überlagerten globalen Systems wäre der Gewinn an Abstraktion nur gering, da eine entsprechende Modellierung nahezu unverändert komplex wäre. Gleichzeitig erweist sich eine so feingranulare Einteilung der Subsysteme, im Hinblick auf den Einsatz in der Anlagenautomatisierung, als problematisch. Neben der zunehmenden Zahl der Agenten, rücken diese auch näher an den eigentlichen Prozess. Auf der einen Seite wird somit der Kommunikationsaufwand der Agenten, welcher für die Planung zur Laufzeit aufgebracht werden muss, allein durch ihre Anzahl und der ihrer Verbindungen deutlich größer. Auf der anderen Seite treten zeitliche Aspekte, wie Echtzeitbedingungen in den Vordergrund, welche die Lösungsfindung der Agenten deutlich einschränken.

Die Ausbildung von Hierarchien spezialisierter Agenten ist eine Möglichkeit dem Kommunikationsaufwand und den zeitlichen Einschränkungen zu begegnen. So könnte beispielsweise zwischen Planungsagenten, welche einen deutlich größeren Zeithorizont haben, und Agenten, welche nahe am Prozess sind und die ausgehandelten Pläne nur noch umsetzten beziehungsweise Sensorwerte aufnehmen müssen, unterschieden werden. Der Kommunikationsaufwand verringert sich dadurch, dass es Agenten einer Ebene nur erlaubt ist untereinander und mit dem entsprechenden Vertreter der übergeordneten Ebene zu kommunizieren.

Mit dem Ziel das System regelungstechnisch erfassbar zu gestalten, sind Hierarchien aus Agenten sicherlich problematisch, weshalb hier ein Ansatz aus einer Ebene von Agenten verfolgt wird, welche so gewählt wird, dass sie eine ausreichende Abstraktion für das übergeordnete regelungstechnische System darstellt und die Agenten darin gleichzeitig auch genug Entscheidungsfreiheit haben, um ein flexibles Anlagenverhalten zu ermöglichen. Die Einteilung eines Agenten für jeweils einen Rahmen erscheint daher als eine zielführende Lösung.

Jeder Agent ist vollkommen identisch aufgebaut und braucht, ist er für einen Rahmen entworfen, nur noch für die anderen Rahmen kopiert bzw. instanziiert werden. Innerhalb des Agenten wird der Teilprozess isoliert modelliert und entsprechende Regler in gewohnter Weise für die fünf Hydraulikzylinder samt ihrer Ventile und Sensoren ausgelegt. Der Regler steuert die Ventile auf optimale Weise an und markiert damit das beste erreichbare Verhalten des Agenten im Sinne der

Auslegung vor der Laufzeit. Der Agent hat die Möglichkeit durch entsprechende Vorgaben der Sollgröße, dieses Verhalten zu modifizieren. Es ist geplant Änderungen der Reglerparameter zur Laufzeit vorzunehmen, dann allerdings nicht sprunghaft, sondern kontinuierlich, um eine plötzliche Verhaltensänderung, wie es auch beim alternativen Wechsel von Reglern zur Laufzeit kommt, zu vermeiden. Entsprechende Vorgaben, in welcher Weise die einzelnen Parameter zur Laufzeit zu verändern sind, um das gewünschte Verhalten zu erreichen und jederzeit Stabilität gewährleisten zu können, müssen im Agenten implementiert werden.

Ein weiterer Gewinn durch den Einsatz von Agenten ergibt sich aus der Möglichkeit auch Teile des Sicherheitskonzeptes lokal zu implementieren. So können zum Beispiel Teile der Systemdiagnose, um den Ausfall einzelner Sensoren oder Aktoren festzustellen, auch lokal implementiert werden und aus dem Ausfall resultierende Probleme abgeschätzt und teilweise sogar durch den Agenten selbst behoben werden. Konkret könnte dies in der Bereitstellung eines errechneten Wertes im Sinne eines Beobachters bestehen, mit welchem der Regler weiterhin betrieben werden könnte.

Die Vorgaben an einen Agenten durch das überlagerte Optimierungssystem, können das zukünftige geforderte Verhalten (Zeit und Genauigkeit), Stellwertbeschränkungen oder auch präzise Sollvorgaben sein. Entscheidend für die globale Erfassbarkeit der unterlagerten Systeme ist die Substituierbarkeit ihres Verhaltens durch einfache Übertragungsfunktionen. Je einfacher das Verhalten anzunähern ist, desto leichter gestaltet sich die Modellierung des überlagerten Systems.

4 Ausblick

Die vorgestellten Überlegungen sind der Beginn einer Reihe von weiteren Arbeiten, welche die Entwicklung von Konzepten zur Integration systemtheoretischer Modelle in agentenbasierte Automatisierungssysteme zum Ziel haben. Grundlage dafür ist die Formalisierung des Agentenverhaltens, welche erst die Transformation in die Modelle der Systemtheorie und damit die Anwendung der dort verorteten Analyse- und Syntheseverfahren ermöglicht. Des Weiteren gilt es zu untersuchen, wie die Ergebnisse der übergeordneten systemtheoretischen Optimierung die Ziele des einzelnen Agenten beeinflussen und wie mit Verhaltensänderungen zur Laufzeit zu verfahren ist, insbesondere wenn diese stetig, sicher und mit entsprechenden zeitlichen Anforderungen vollzogen werden müssen.

5 Literaturverzeichnis

1. AgentLink III: Eurpean Co-Ordination Action For Agent-Based Computing, funded by the European Commission's 6th Framework Program, 2004, http://www.agentlink.org/
2. Bausa, J.: Durchgängiger Modelleinsatz in der Prozessführung. NAMUR Hauptsitzung. 2004
3. Jennings, N.R.: On agent-based software engineering. Artificial Intelligence 117, 2000, S.227-296
4. Köppen-Seliger, B.; Marcu, T; Capobianco, M; Gentil, S; Albert, M; Latzel, S.: Magic: Ein integriertes Konzept zum Diagnosemanagement und Operator Support. atp Automatisierungstechnische Praxis 45 (2003), Heft 05.

5. Sanz, R.; Lopez, I, Bermejo, J; Chinchilla, R; conde, R.P. Self X the Control Within. IFAC World Congress, 2005.
6. Weiß, G.: Agentenorientiertes Software Engineering. Informatik Spektrum, Band 24, Heft 2, 2001, S.98-101
7. Wagner, T.; Göhner, P.; und De A. Urbano, P.: Softwareagenten - Einführung und Überblick über eine alternative Art der Softwareentwicklung. Teil I: Agentenorientierte Softwareentwicklung. atp - Automatisierungstechnische Praxis 45 (2003), Heft 10

Der FHFTrain als Modell für eine Service orientierte Architektur im Ubiquitous Computing

Heiko Böttger[1], Lothar Piepmeyer[2]

[1]hb@carrara.ch   [2]Lothar.Piepmeyer@HS-Furtwangen.de

Zusammenfassung. Mit Hilfe des interdisziplinären Forschungsprojektes FHFTrain an der Hochschule Furtwangen können Methoden des Ubiquitous Computing für Lösungen von Transportproblemen gefunden und miteinander verglichen werden. Es wird beschrieben, wie eine durchgängige Verfügbarkeit der Java-Plattform auf allen Komponenten des FHFTrain-Projektes erreicht wurde. Diese Architektur ermöglicht eine in hohem Masse konfigurierbare und verteilbare Lösung zur Navigation der Züge im Schienennetz. Die Züge können so weitgehend autonom navigieren und benötigen keine zentrale Instanz zur Steuerung.

1 Was ist Ubiquitous Computing?

Ubiquitous Computing wird von Mark Weiser [9] als die Integration des Computers in die alltägliche Umgebung des Menschen beschrieben: *"In the 21st century the technology revolution will move into the everyday, the small and the invisible."*

Der Computer ist dabei allgegenwärtig, wird aber als Gegenstand nicht zuletzt aufgrund zunehmender Miniaturisierung immer weniger sichtbar. Die Vernetzung von Gegenständen des menschlichen Alltags und in der Folge die Vernetzung der Menschen untereinander wird immer selbstverständlicher.

In den letzten zehn Jahren zeigten Entwicklungen in Gebieten wie der Informatik und der Mikroelektronik, die mit Innovationen wie GSM, WLAN und RFID einher gingen, dass Weisers Visionen schon längst keine Science Fiction mehr sind. GPS gesteuerte Navigationssysteme sind bereits heute Alltagsgegenstände; die RFID-Technologie hat eine Diskussion ausgelöst, die auf ein breites gesellschaftliches Echo trifft.

2 FHFTrain – Eine Plattform für Studien im Ubiquitous Computing

Aus technischer Sicht sehen viele der inzwischen zahlreichen Weiterentwicklungen von Weisers Visionen (siehe etwa [6] für einen umfassenden Überblick) ein zentrales Thema des Ubiquitous Computing in der Verarbeitung eines durch Sensoren ermittelten lokalen Kontextes durch Mikroprozessoren.

Frank und Müller [1] beschreiben das an der Hochschule Furtwangen geplante und realisierte Projekt FHFTrain als Forschungsplattform für das Ubiquitous Computing. Die Basis für den FHFTrain ist dabei eine Modelleisenbahn der Spur G (Maßstab 1:22,5).

Insbesondere wurde eine Kommunikationsinfrastruktur aufgebaut, die es ermöglicht, geographische Umgebungsdaten in Form einer Positionsbestimmung oder durch Abfragen des Zustandes einer Weiche zu ermitteln. Die Daten werden in Echtzeit analysiert, um dann durch das Setzen von Weichen und die Steuerung der Geschwindigkeit der Lokomotive den Zug an sein Ziel zu bringen.

2.1 Hardware

Da sich die Anforderungen des FHFTrain-Projektes nicht mit handelsüblichen Modelleisenbahnen realisieren ließen, wurde die technische Ausstattung der Eisenbahnanlage im Labor der Hochschule Furtwangen nach und nach erweitert. Für das hier beschriebene Projekt sind die folgenden Erweiterungen relevant:

Die beiden Lokomotiven verfügen über einen Aufbau mit einem Bordcomputer, der eine 586-CPU, 128 MB RAM, 32 MB FlashMemory als persistenten Datenspeicher sowie eine WLAN-Karte enthält.

Die derzeit sechs Weichen des Schienennetzes werden durch eine speicherprogrammierbare Steuereinheit (SPS) vom Typ Simatic S7/300 gesteuert. Die SPS verfügt über einen Ethernet-Anschluss.

Das Schienennetz ist momentan mit 41 Sensoren versehen. Diese Sensoren sind durchnummeriert und dienen als Koordinaten für die Positionsbestimmung der Züge innerhalb des Schienennetzes. Über die SPS kann ermittelt werden, ob in einem definierten Zeitintervall eine Lokomotive einen Sensor passiert hat. Darüber hinaus ist es möglich, die Züge mit ihrer Sensorposition anzumelden und diese Position bei Aktivierung eines benachbarten Sensors automatisch durch die SPS aktualisieren zu lassen. So kann durch einfaches Abfragen der SPS ermittelt werden, wo sich welcher Zug aktuell befindet.

Die Anlage verfügt über eine Netzwerkinfrastruktur mit eigenem Gateway, in die auch die Lokomotive und die SPS eingebunden sind. Insbesondere verfügen sowohl die Lokomotiven, als auch die SPS jeweils über eine eigene IP-Adresse. Das Gateway enthält einen eigenen Web-Server mit einem graphischen Interface zur einfachen Administration.

2.2 Software

Um einerseits Ressourcen zu schonen, andererseits aber den Komfort eines professionellen Betriebssystems zu haben, wurde der Bordcomputer der Lokomotiven mit dem Linux-Derivat ELinOS ausgestattet, das eigens für Embedded Systems entwickelt wurde. Neben der unter Linux per se vorhandenen C-Umgebung wurde noch eine Perl Laufzeitumgebung hinzugefügt. Die Schnittstelle zum Bordcomputer besteht aus einem Apache Webserver, der über eine WLAN-Verbindung angesprochen werden kann. Der Web-Server startet über CGI dann Perl-Skripte, die auf dem Bordcomputer hinterlegt sind. So kann etwa über die URL

    http://train1.fhftrain.fh-furtwangen.de/cgi-bin/set_speed.pl?speed=1

die Geschwindigkeit der Lokomotive auf 1km/h eingestellt werden.

Prinzipiell sind also die zur zielgerichteten Steuerung des Zuges erforderlichen Operationen vorhanden:
- Ermittelung der Position eines Zuges,
- Stellen von Weichen.

3 Steuerung der Geschwindigkeit des Zuges. Java als Schnittstelle zum FHFTrain

Traditionell erfolgt die Programmierung der SPS in STEP 7, einer Sprache nach dem herstellerneutralen Standard IEC 61131-3 zur Reglung und Steuerung von Prozessen. Die SPS wird aber auch mit einer Bibliothek von Java-Klassen ausgeliefert, die die Kommunikation mit der SPS ermöglichen. Typischerweise werden die Klassen zur Entwicklung von graphischen Schnittstellen zur SPS in Form von Applets verwendet. Die Existenz dieser Java-API ermöglicht es aber darüber hinaus, die vielfältigen Möglichkeiten der Java-Plattform einzusetzen.

Im Folgenden wird aufgezeigt, wie Java als Integrationsplattform verwendet werden kann, um eine in hohem Masse konfigurierbare und verteilbare Lösung zur Navigation der Züge im Schienennetz zu realisieren.

Basis ist die Entwicklung eines Java-Softwarepaketes, das aus den folgenden Komponenten besteht:
- Operationen zum Stellen der Weichen.
- Operationen zum Erfassen der ID des zuletzt überfahrenen Sensors.
- Abbildung der Topologie des Schienennetzes aus einem XML-File auf einen Graphen.
- Operationen zum Ermitteln eines kürzesten Weges innerhalb des Schienennetzes in Form eines Fahrplanes.
- Methoden zum Abarbeiten dieses Fahrplanes und dabei insbesondere das Anpassen der Geschwindigkeit und dem zeitgerechten Stellen der Weichen.

Die ersten beiden Klassen sind für die Kommunikation mit der SPS verantwortlich. Bei der Konzeption der Steuerungssoftware wurden die Grundsätze eines flexiblen und modularen Designs beachtet. Zirkuläre Abhängigkeiten zwischen Paketen wurden weitgehend vermieden. Mit Hilfe von Design-Patterns wie ‚Abstract Factory', ‚Strategy', ‚Command' und ‚Singleton' [2] sorgen Schnittstellen und abstrakte Klassen für hohe Erweiterbarkeit und Wiederverwendbarkeit.

4 Zielsetzungen und Lösungen

Ziel ist es aufzuzeigen, wie die heterogenen Komponenten SPS, Bordcomputer, sowie die externe Kontroll- und Steuerungssoftware durch Einsatz der Java-Plattform integriert werden können. Stellvertretend für Fragestellungen im Ubiquitous Computing und hier insbesondere die in [1] diskutierten Transportprobleme werden verschiedene Lösungswege vorgestellt, um die Navigation eines Zuges zu einem vorgegebenen Ziel durchzuführen.

4.1 Der zentralistische Ansatz

Aus Gründen der Kosteneffizienz zentralisieren Unternehmen wie die Deutsche Bahn den Betrieb ihres Schienennetzes zunehmend. Während in der Vergangenheit lediglich die lokalen Weichen und Signale über Stellwerke an einem Ort gesteuert wurden, werden immer mehr Stellwerke zur Fernsteuerung automatisiert [8]. Künftig übernehmen Betriebszentralen die Steuerung regionaler Signale und Weichen [7].

Im FHFTrain-Projekt ist diese zentrale Steuerung die einfachste Lösung des Navigationsproblems: Sie vereint alle Funktionalitäten in einem Softwarepaket, das auf einem einzigen Rechner arbeitet, der sowohl mit der Lokomotive als auch mit der SPS kommunizieren kann. Die Probleme, die sich durch eine verteilte Umgebung ergeben, werden so vermieden.

Es ergibt sich jedoch eine Reihe von offenen Punkten:

(i) Wenn zur Analyse des lokalen Kontextes nicht mehr einfache Sensoren, sondern RFID-Transponder eingesetzt werden oder die Lösung im größeren Maßstab etwa mit GPS Technologie auf den Bordcomputern betrieben wird, erhalten die Lokomotiven ein wesentlich höheres Maß an Autonomie, das nicht in Einklang mit der zentralen Lösung zu bringen ist.

(ii) Die gleichen Anforderungen an die Flexibilität werden an die Ermittlung des kürzesten Weges gestellt: Im beschriebenen Umfeld der Modelleisenbahn mag eine einfache Breitensuche oder der Dijkstra-Algorithmus für die Ermittlung eines Weges genügen; in einem realitätsnahen Szenario sind aber Algorithmen wie die A*-Suche erforderlich. Um hier eine experimentelle Plattform zu schaffen, in der viele Szenarien durchgespielt werden können, müssen viele Szenarien konfigurierbar sein.

(iii) In Ubiquitous Szenarien sind häufig Lösungen mit einem Maximum an Autonomie erforderlich. Autonomie wird erreicht, indem die beteiligten Komponenten ebenfalls mit (künstlicher) Intelligenz ausgestattet werden. Eine vollständige Fernsteuerung der Lokomotive ist daher selten angemessen. Optional sollte mindestens ein Teil der Software auf den Bordcomputern betrieben werden, denn durch eine geschickte Aufteilung des Softwarepakets können die gemeinsamen Ressourcen wie das Kommunikationsnetzwerk und der Server entlastet werden.

Wünschenswert ist daher eine Alternative, die in hohem Masse so konfigurierbar ist, dass je nach Konfiguration sowohl eine zentrale oder vollständig dezentrale Implementierung realisiert wird, wobei möglichst viele Varianten zwischen diesen beiden Extremen möglich sein sollen.

4.2 Der verteilte Ansatz

Wenn die Anwendung dezentral betrieben wird, muss eine Entscheidung über die Service Architektur getroffen werden. Web-Services mit SOAP als Trägerprotokoll haben sich in serviceorientierten Architekturen etabliert. Es wird aufgezeigt, wie Web-Services auch im FHFTrain-Projekt sinnvoll eingesetzt werden können.

Da für die Entwicklung die Java-Plattform eingesetzt wird und bestehende Komponenten auf den Bordcomputern zum Einsatz kommen sollen, muss auch dort eine Java-Umgebung etabliert werden.

4.2.1 Web-Services

Web-Services werden verwendet, um eine Interaktion zwischen Maschinen, die über ein Netzwerk verbunden sind, zu ermöglichen [10]. Die Schnittstellen dieser Services werden in WSDL, einem XML-Dialekt, beschrieben. Der Datenaustausch wird mit Hilfe des SOAP-Protokolls durchgeführt, das Nachrichten im XML-Format versendet. Durch die intensive Verwendung von XML eignen sich Web-Services insbesondere für Services in heterogenen Umgebungen. Die im Rahmen der Web-Services vereinbarten Standards zur Definition und zum Auffinden von Diensten machen diese Technologie für Ubiquitous Computing besonders interessant.

Obgleich SOAP stets das Trägerprotokoll ist, gibt es doch verschiedene Implementierungen von Programmierschnittstellen für Web-Services:

JAX-RPC-Web-Services sind Anwendungen, die zum Austausch der Nachrichten die JAX-RPC (Java API for XML-based RPC) Schnittstelle von Sun [3] verwenden. Diese Schnittstelle ermöglicht die Durchführung von XML-basierten RPC-Aufrufen. Im FHFTrain-Projekt wurden alle Web-Services mit Hilfe von JAX-RPC realisiert. Zur Entwicklung wurde das Java Web-Service Developer Pack (JWSDP) von Sun [4] eingesetzt.

Die Steuerungssoftware ist auf zwei Hauptkomponenten verteilt: die Lokomotiven (als Clients der Web-Services) und einen Anwendungsserver (als Anbieter der Web-Services). Neben diesen Komponenten nutzt die Software das Kommunikationsnetzwerk und (über die Java-API) die SPS zur Steuerung der Weichen und zur Abfrage der Positionssensoren.

Der Anwendungsserver ist dabei ein handelsüblicher Standard-PC mit Linux-Betriebssystem, der mit dem Apache Tomcat 5.0 for JWSDP 1.6, einer Variante des bekannten Apache Tomcat Anwendungsservers, eine Laufzeitumgebung für JAX-RPC-Web-Services enthält. Auf dem Anwendungsserver werden verschiedene Web-Services bereitgestellt. Eine Übersicht zu den wichtigsten Services liefert Tabelle 1.

Tabelle 1. Auszug aus den verfügbaren Web-Services

Name	Beschreibung
RoadMap-Web-Service	Über den RoadMap-Web-Service können die Lokomotiven eine Wegbeschreibung von einem Start- zu einem Zielsensor anfordern. Ein Objekt vom Typ RoadMap enthält einen Teilgraphen mit den relevanten Knoten, Kanten und Bauteilinformationen, die betroffenen Abschnitte sowie eine Liste, welche die Reihenfolge der einzelnen Knoten angibt.
PositionSource-Web-Service	Da der Zug keine Sensoren zur Ermittlung seiner Position besitzt, verwendet er diesen Web-Service um seine aktuelle Position zu ermitteln.
BranchController-Web-Service	Der BranchController-Web-Service dient zur Steuerung und Abfrage der Weichenstellungen.

4.2.2 Java auf der Lokomotive

Für den Betriebsteil der Steuerungssoftware auf den Bordcomputern der Lokomotiven wird die J2ME (Java 2 Platform, Micro Edition), eine Java-Laufzeitumgebung für Klein- bis Kleinstgeräte eingesetzt. Derzeit gibt es die J2ME in zwei verschiedenen Ausprägungen, sogenannten ‚configurations':

- *CLDC* (Connected Limited Device Configuration) für Umgebungen mit etwa 128 bis 512 KByte RAM entwickelt. Viele Mobiltelefone werden mit der CLDC ausgeliefert. Sie unterliegt Einschränkungen, wie etwa die fehlende Verfügbarkeit von Bibliotheken wie dem beliebten Collections-Framework oder die fehlende Unterstützung von Fliesskomma-Arithmetik.
- *CDC* (Connected Device Configuration) ist zwar kompatibel zur J2SE (Java 2 Standard Edition), benötigt dafür aber etwa 2MB RAM und 2,5 MB ROM.

Da die Verwendung von Web-Services vorgesehen ist, müssen die für die Kommunikation erforderlichen Clients auch auf der J2ME lauffähig sein. Die CLDC kann mit Hilfe des Web-Service-Package als Umgebung für Clients von Web-Services verwendet werden. Im Laufe der Entwicklung zeigte sich jedoch, dass hierzu das so genannte Mobile Information Device Profile (MIDP) erforderlich ist, dessen Referenzimplementierung die Möglichkeit einer Ausgabe auf einem graphischen Display erfordert. Da diese minimale Hardware-Anforderung für die Lokomotiven nicht erfüllt ist, scheidet die CLDC als Java Virtual Machine für die FHFTrain-Plattform aus.

Keinen substanziellen Einschränkungen unterliegt man hingegen bei der Verwendung der CDC. Die Referenzimplementierung der CDC ist ebenfalls auf der Web-Site von Sun zu finden und kann dort kostenlos heruntergeladen werden. Um auf dieser Virtual Machine auch Clients für JAXRPC-Web-Services einzusetzen, muss das optionale RMI-Paket heruntergeladen und in die virtuelle Maschine der Bordcomputer integriert werden. Hierbei lohnt es sich auch, einen Blick auf das Foundation-Profile zu werfen, welches unter anderem die beliebten Klassen des java.util-Packages enthält.

Durch die Verwendung der CDC ist die auf J2SE 1.3 basierte Steuerungssoftware ohne gesonderte Anpassungen auf den Lokomotiven ausführbar. Hauptaufgabe der Steuerungssoftware ist es, den Zug kollisionsfrei von seiner aktuellen Position zu einer Zielposition zu bewegen. Zur Erfüllung dieser Aufgabe bedient sich die Software der beschriebenen Dienste und steuert so die Lokomotive und die Bauteile des Schienennetzes. Dabei wird die Software mit verschiedenen Echtzeitanforderungen konfrontiert. Wichtig ist hierbei vor allem die zeitgerechte Positionserfassung und Weichensetzung. Da die Anwendung hierbei über das Netzwerk mit verschiedenen Webservices kommunizieren muss, ist immer mit einzelnen Verzögerungen oder Ausfällen zu rechnen. Um dennoch rechtzeitig an Informationen zu gelangen, werden fehlende Werte auf Basis bereits vorhandener Daten durch Erwartungswerte ersetzt. Da diese Werte fehlerhaft sein können, stellt die Behandlung dieser weichen Echtzeitanforderungen eine besondere Herausforderung dar und ist nicht ohne größeren Aufwand zu bewältigen.

5 Ausblick

Neben den beiden Ausprägungen der zentralen und dezentral-autonomen Steuerung wird zukünftig ein weiterer interessanter Weg für den Einsatz innovativer Java-Technologien im Ubiquitous-Umfeld untersucht: Die eingesetzten Sensoren und Weichen verfügen derzeit über keine Form von Intelligenz oder Autonomie.

Mit Hilfe von Software-Komponenten soll die Autonomie der SPS simuliert werden. Insbesondere werden die Sensoren, Weichen und Lokomotiven in die Lage versetzt, Ad-Hoc-Netzwerke aufzubauen und miteinander zu kommunizieren. So werden die Sensoren zur Einhaltung von Geschwindigkeitsbegrenzungen auf Streckenabschnitten genutzt. Die Weichen treffen selbstständig in Abhängigkeit vom Ziel des Zuges die Entscheidung darüber, wie sie sich stellen müssen. Zur Kommunikation ist JXTA [5] vorgesehen, das den bei Tauschbörsen weit verbreiteten P2P-Ansatz zur spontanen Vernetzung verfolgt.

6 Fazit

Die Verfügbarkeit der Java-API für die SPS und die Implementierung der J2ME auf den Bordcomputern in Verbindung mit Web-Services auf einem Anwendungsserver machen die Funktionalität der Java-Plattform im FHFTrain-Projekt verfügbar. Das Szenario kann auf Geräte übertragen werden, für die es eine Java Virtual Machine gibt und die eine Netzwerkverbindung haben: Sie können ebenso wie der FHFTrain mit Autonomie versehen werden und selbst die SPS zu ihrer eigenen Steuerung einsetzen.

7 Literatur

1. Frank, H., Müller, R.: Anwendungswünsche und technische Machbarkeit in Ubiquitous Computing, in: HMD - Praxis der Wirtschaftsinformatik 229: 16-22, 2003.
2. Gamma E., Helm R.; Johnson R., Vlissides J.: Entwurfsmuster; Addison-Wesley. 2004.
3. http://java.sun.com/webservices/jaxrpc/
4. http://java.sun.com/webservices/jwsdp/
5. www.jxta.org
6. Mattern, F.: Vom Verschwinden des Computers – Die Vision des Ubiquitous Computing. In: Mattern, F. (Hrsg), Total vernetzt, Springer. 2003.
7. MOBOTIX AG: MOBOTIX-Praxisbericht: Netzwerk-Video: Information kommt zum Zug. http://www.ibc-online.de/ftp-closed/m1m/praxis_DB.pdf
8. Siemens Rail Automation: htp://transportation.siemens.com/ts/de/pub/products/ra/products/interlocking.htm
9. Weiser, M.: The Computer for the 21st Century. Scientific American 265(3): 94–104, 1993
10. World Wide Web Consortium: Web Services Architecture, http://www.w3.org/TR/2004/NOTE-ws-arch-20040211/#whatis

Embedded Systems und Bussysteme zur digitalen Steuerung von Modelleisenbahnen – oder, wie viele Mikro´s werden heute in modernen Modellbahnsteuerungen eigentlich verbaut?

Dr.-Ing. Wolfgang Kabatzke

NORDEX AG, FAB Softwarcentwicklung, Bornbarch 2, 22 848 Norderstedt

Zusammenfassung. Mikrocontroller sind im Bereich Modellbahn in der heutigen Zeit nicht mehr wegzudenken. Dabei werden viele Funktionen und Neuerungen, gerade im Bereich des Fahrzeugparks (Sound, Sonderfunktionen, standortabhängige Fahrgeschwindigkeitsregelung) durch diese nützlichen Helfer erst ermöglicht. Der Fortschritt konnte durch die zunehmende Miniaturisierung (SMD-Technologie) ermöglicht werden. Fast alle renommierten Hersteller bieten heute ihre Fahrzeuge mit Digitalschnittstellen und Decodern an. Nicht minder steht die Eigenentwicklung von Komponenten trotz des vielfältigen Angebotes immer mehr im Vordergrund. Die Ursache ist vor allem in der zunehmenden Aufgabenvielfalt der Komponenten zu suchen.

1. Warum Digitaltechnik in und an der Modelleisenbahn?

Wer einmal eine Modellbahn - und seien die Gleisanlagen noch so bescheiden - in allen Details geplant hat, der wird spätestens bei dem Gedanken an die Elektroarbeiten ins Schwitzen kommen. Möchte man dann, so wie bei der „großen Bahn" mit verschiedenen Lokomotiven auf demselben Gleis in z. B. unterschiedliche Richtungen fahren oder mit Schiebelokomotiven arbeiten, welche es bei der Bahn nun einmal gibt, so kommt man sehr schnell an die Grenzen der konventionellen Technik. Da kann nur noch mit einer Digitalsteuerung planen und arbeiten. Hat man sich erst einmal dazu durchgerungen, alle Fahrzeuge - oder bei gigantischen Sammlungen diejenigen, die für das realisierte Thema überhaupt in Frage kommen - umzurüsten, liegen die Vorteile auf der Hand: Kein Kabelsalat, konstante Beleuchtungen, Vorspann- und Schiebebetrieb ohne Probleme, exzellente Fahreigenschaften dank moderner Decoder mit 128 Fahrstufen, im Bahnbetriebswerk können Lokomotiven direkt hintereinander abgestellt werden, ohne auf die abschaltbaren Gleisabschnitte zu achten und der Betrieb mit mehreren Personen ist auch leichter realisierbar.

2. Warum digitaler Fahrbetrieb?

Alle meine bisherigen Modellbahnen waren Gleichstrombahnen. Es war nicht möglich, Lokomotiven unabhängig von einander aufs Gleis zu stellen und zu bedienen.

Stellt man mehrere Fahrzeuge aufs Gleis, fahren alle in dieselbe Richtung mit einer Geschwindigkeit proportional zur angelegten Spannung.
Zusammengefasst hat der Betrieb mit Gleichstrom also einige Nachteile:

- Nur 2 Funktionen des Fahrzeuges werden gesteuert: die Motordrehzahl über die Spannung und die Drehrichtung über die Polarität der angelegten Spannung.
- Die Funktion Beleuchtung wird zwangsläufig mit der Motordrehzahl gekoppelt
- Es kann nur ein Fahrzeug autark pro Stromkreis betrieben werden, weil Polarität und

Im Jahr 1995 wurde in den USA durch die NMRA - National Model Railroad Association – eine Norm für digitale Mehrzusteuerungen beschlossen. Nun konnten auch andere Hersteller auf diese genormte Technik aufsetzen und kompatible Steuerungskomponenten auf den Markt bringen.
Die allgemeinen Vorteile der digitalen Mehrzugsteuerung sind :

- Mehrere Lokomotiven sind unabhängig voneinander steuerbar
- Konstante Zugbeleuchtung, gleichbleibende Helligkeit
- Bessere Fahreigenschaften der Lokomotiven, auch wenn der Fahrzeugdecoder nicht über eine Drehzahlregelung verfügt.
- Simulation der Zugmasse (Anfahr- / Bremsrampen)
- Begrenzung der Höchstgeschwindigkeit auf maßstäbliche Werte

Ein minimales DCC-Modellbahn-Steuerungssystem hat den in Abbildung 2.1 dargestellten Aufbau.

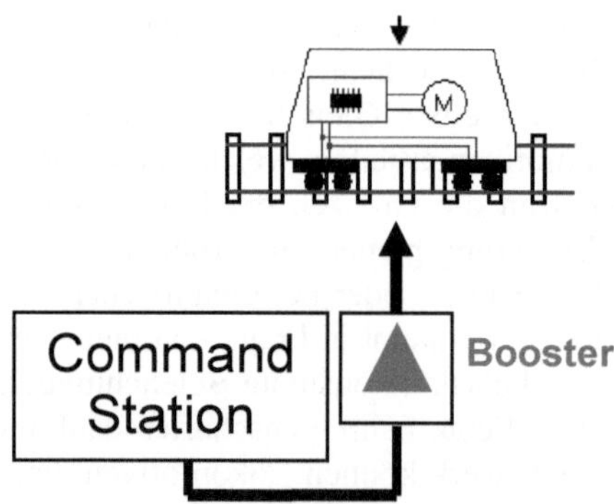

Abb. 2.1: Minimalversion einer DCC-Modellbahnsteuerung – digitaler Fahrbetrieb

3. Digitaler Fahrbetrieb mit Erweiterung zum digitalen Fahr- und Steuerbetrieb

3.1 Welche Komponenten sind zur Erweiterung notwendig?

Nach dem Erfolg der DCC-Technologie zum digitalen Fahren stellte sich natürlich die Frage, wie die sehr vielen und auch notwendigen Steuerelemente einer Modelleisenbahn in ein solches System integriert werden können. Dieser Schritt vollzog sich über die Integration der Steuerelemente in das Gleissignal der Modellbahn(fahr)steuerung. Konkret werden über das Gleissignal digitale Funktionen (Ausgänge) der Modellbahnanlage gesteuert. Weichen, Signale, Laternen, Entkuppler sind nur einige Beispiele. Die Ansteuerung der Zubehördecoder über das Gleissignal und demzufolge ein verringerter Verdrahtungsaufwand. Natürlich muss hierbei erwähnt werden, dass die Energie der digitalen Aktoren aus dem digitalen Gleissignal gewonnen wird. Dies erfordert einen erhöhten Aufwand bei der Signalerzeugung des DCC-Signals oder es müssen unbedingt eigene Laststromversorgungskonzepte implementiert werden.

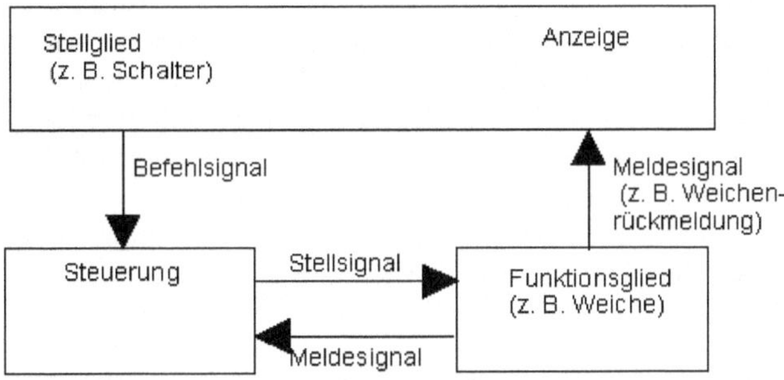

Abb. 3.1: Stellglieder, Funktionsglieder und Steuerglieder einer Modellbahnsteuerung

Die Funktionalität sei am Beispiel einer Weiche zu erläutern:

Steuersignale am Beispiel einer Weiche:

- Schalter im Stellpult geben das Befehlssignal die Steuerung, die es in ein Stellsignal umwandelt (z. B. durch Stromverstärkung).
- Dieses Stellsignal bewirkt im Funktionsglied Weiche das Umlaufen in die andere Position.
- Dieser Vorgang wird von der Steuerung überwacht, indem sie Meldesignale in Form der Weichenrückmeldung vom Funktionsglied Weiche einliest.
- Dieselben Meldesignale werden in der Anzeige (Stellpult) verwendet.

Zu einer Steuerung gehören damit folgende Komponenten:

Stellglieder
Die Stellglieder geben Befehle an die Steuerung. Dies können Schalter, Taster, Reed-Kontakte etc. sein.
Funktionsglieder
Die Steuerung wirkt auf die Funktionsglieder und steuert sie. Bei einer Modellbahn fallen z. B. Weichenantriebe, Lokomotiven oder Lämpchen darunter.
Steuerglieder
Hierzu zählen Verstärker (z. B. Booster), Zeitgeber, Speicher, Prozessoren etc.

3.2 Von Bussen und Netzen

Die meisten Digitalsysteme bestehen aus verschiedenen Komponenten: Zentralen (Command Station), Booster, stationäre und mobile Regler, sowie Decoder, Stellpulte und Interfaces, die allesamt irgendwie zu verbinden sind. Dazu bieten die unterschiedlichen Digitalsysteme Möglichkeiten an, die meist aus der Computer- bzw. Netzwerktechnik stammen.

Offensichtlich bietet die Topologie „Netz" die größte Flexibilität bei der Verkabelung und bei der Ergänzung bestehender Installationen. Warum? Nun, es können an beliebigen Stellen Verzweigungen eingebaut werden. Der Vorteil eines Netzes ist es auch beim Ausfall einzelner Verbindungen noch funktionsfähig sein zu können. Da in der Modellbahn keine so hohen Anforderungen gestellt werden, ist eine einfache Verkabelung als ausreichend anzusehen. Somit steht der Vorteil der beliebig gestalteten und erweiterbaren Verkabelung im Vordergrund.

Jedoch ist nicht nur die Topologie allein, sondern auch das darauf laufende Protokoll und natürlich die Eigenschaften der Knoten relevant.

4. LocoNet als offenes System zur Entwicklung angepasster und multivalent erweiterbarer Komponenten „Digital fahren und Digital schalten"

LocoNet ist ein Peer-to-Peer Netzwerk, welches auf Technologien der Netzwerktechnik aufsetzt, d. h. es ist ein Netzwerk ohne zentralen Server oder Sender. Das Management wird von den an der Kommunikation beteiligten Komponenten vorgenommen. LocoNet arbeitet nach dem CSMA/CD bzw. CSMA/CA Zugriffsverfahren. Eine typische Implementierung mit LocoNet erlaubt es ungefähr 98% von der Netzverkehrskapazität zu nutzen und die Zusammenstöße der Daten unter weniger als 1% zu reduzieren. Durch den Verzicht auf jegliche zentrale Netzwerk-Komponente ergeben sich einerseits ein hohes Leistungsvermögen und andererseits eine hohe Flexibilität. Die nicht vorhandene zentrale Netzwerk-Komponente darf nicht mit der Zentraleinheit des Digitalsystems verwechselt werden, welche für die Signalerzeugung am Gleis zuständig ist. Es gibt eine Begrenzung auf 127 Teilnehmer, was aber selbst auch für größte Anlagen ausreichende sein dürfte.

4.1 Modularität als Designvorteil für erweiterbare Digitalsteuerungssysteme

Für Modellbahnsteuerungen auf der Basis von LocoNet gibt es von kommerziellen Anbietern eine Vielzahl von Komponenten, die man auswählen und einsetzen kann.

Allerdings gibt es häufig die Fälle, dass z. B.:

- die Signalpegel nicht passen
- die Anzahl der Eingänge und Ausgänge stark von den Erfordernissen abweicht
- die Kommunikation zu einem PC-System angepasst werden muss
- Einfache Handsteuergeräte nicht vorhanden sind

Für solche Fälle zeigt es sich wie weitsichtig die Entwicklung eines offenen Kommunikationssystems ist mit zudem offengelegtem Protokoll und offengelegter Physik (Abbildungen 4.1 bis 4.3)

4.2 PC-basierte Steuerungen sind heute „State of the Art"

Entscheidend ist die Auslagerung der Regeln und logischen Zusammenhänge weg von starrer Verdrahtung hin zu flexibler Verwaltung und Prüfung sowie dynamischen Ablauf, alles Dinge, die ein PC eben sehr gut lösen kann.

- Jeder Magnetartikel (Funktionsglied) wird über eine Nummer, die Adresse, angesprochen
- der Verdrahtungsaufwand sinkt
- eine "Zentrale" verwaltet Lokomotivparameter und Weichen

Eine wichtige Voraussetzung für regelbasierte Steuerungen ist der Einsatz von (rück)meldenden Funktionsgliedern, damit die Steuerung in Abhängigkeit vom aktuellen Anlagenzustand Entscheidungen treffen kann. Während man häufig aus Aufwandsgründen auf eine Rückmeldung bei Weichen und Signalen verzichtet, ist eine gewisse Zahl an Gleisbesetztmelder in der Regel unverzichtbar.

Da alle Schaltbefehle in der Zentrale zusammenlaufen, gibt es jetzt hier eine Stelle an der alle Informationen über den Zustand der Anlage zusammenlaufen. Somit ist es möglich, beliebige Verknüpfungen untereinander zu realisieren.

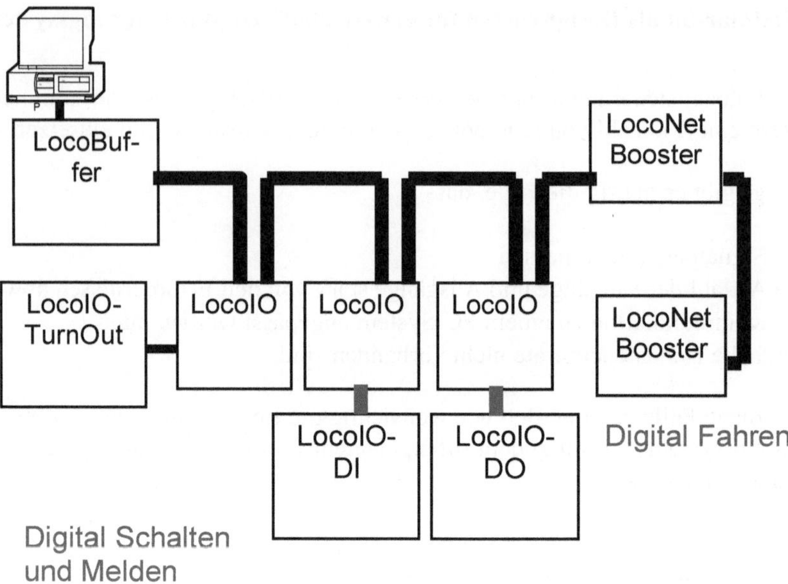

Abb. 4.1: Loconet als Multi-Computer-Netzwerk Modellbahnsteuerungen – als schematische Übersicht

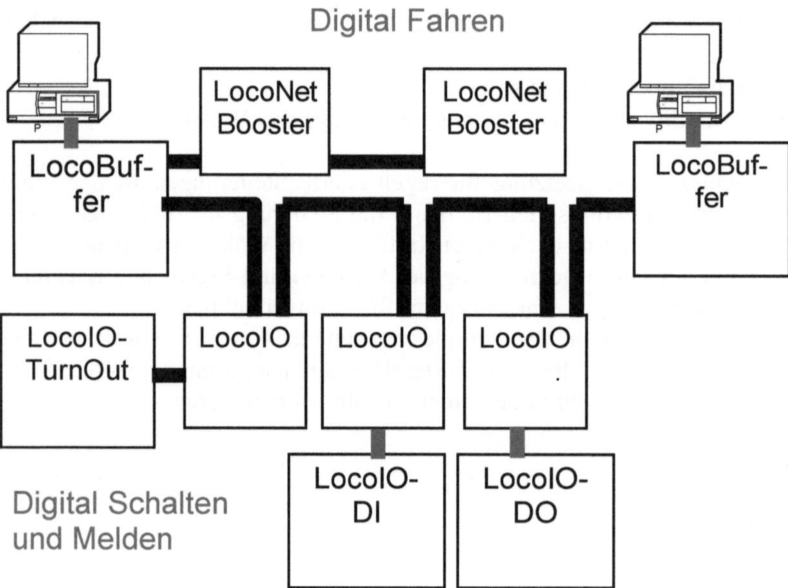

Abb. 4.2: LocoNet als Multi-Computer-Netzwerk Modellbahnsteuerungen – mehrere PC steuern das System

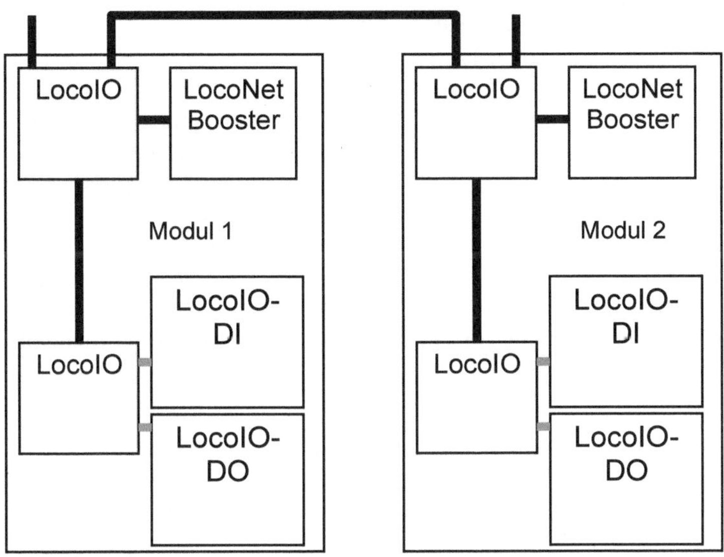

Abb. 4.3: LocoNet in modularen Anlagen

Eine wichtige Voraussetzung für regelbasierte Steuerungen ist der Einsatz von Man braucht dazu noch drei Dinge:

1.   ein Gedächtnis für die jeweiligen Zustände
2.   eine Beschreibung wie die Zustände und Aktionen voneinander abhängen sollen
3.   ein „Programm", das 1 und 2 umsetzt.

Und hier wird es schwierig, da diese Dinge bei jeder Modellbahn anders aussehen. Regelbasierte Steuerungen müssen daher umfangreich konfiguriert werden, so dass eine sinnvolle Art der Eingabe und Visualisierung unverzichtbar ist. Dies kann ein PC ebenfalls gut leisten.

4.3   Der Aufbau und die Funktionen der Embedded Systems-Komponenten zur Umsetzung einer Digitalsteuerung nach dem Schema „Digital Schalten und Melden und Digital Fahren"

4.3.1   Minimalkomponenten

Der typische Funktionsumfang einer LocoNet-Komponente orientiert sich am Einsatzumfeld und am Grad der Integration in ein Multikomponentensystem ggf. mit PC-Anbindung. Dabei kommt dem Einsatz von Mikrocontrollern (Microchip PIC, Zilog Z8, ATMEL ATMEGA) eine große Bedeutung zu.

Die Basisfunktionen beziehen sich auf:
*   LocoNet-Interface
*   I/O-Interface

Optional ergänzt werden die Basisfunktionen durch:

- RS232-Anbindung oder USB
- Zeitgeberfunktionen

Abbildung 4.4 zeigt den Aufbau einer Steuerungskomponente mit LocoNet-Interface. Der Teil „Anwenderprogramm" beschreibt die komponentenspezifischen Anforderungen. So ist es z. B. denkbar mit einem universellen Bausteinkonzept unterschiedliche Firmwareausprägungen zu schaffen, d. h. anwendungsspezifische Module. Dabei wird auf einfachsten Aufbau in der Hardware und in der Software orientiert. Alle zeitkritischen Funktionen (LocoNet-Interface, Timer) werden über das Interruptsystem des Mikrocontrollers abgebildet. Die Anwenderfunktionen sind in Assembler und zunehmend in C geschrieben. Der Aufwand für ein Echtzeitsystem ist bei diesem Anwendungsumfang nicht praktikabel.

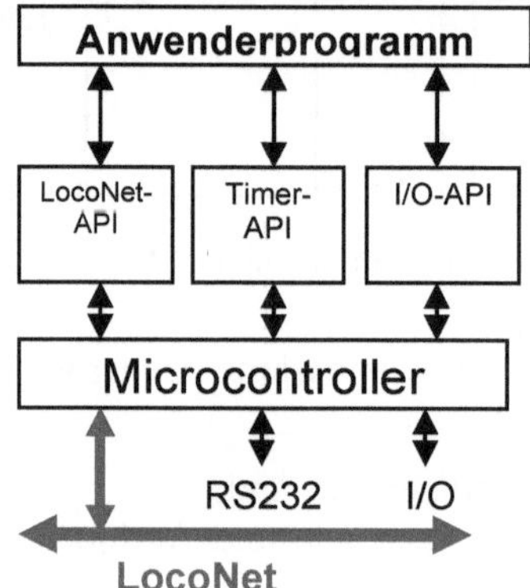

Abb. 4.4: Aufbau einer LocoNet-Komponente: I/O_Modul, Booster

4.3.2   Multikomponenten und erweiterbare Komponenten

4.3.2.1   Hardware

Im Zuge der Schaffung von modular strukturierten Plattformen wird ein neuer Weg beschritten. Dabei werden Funktionsmodule geschaffen, welche in Basismodule und Optionsmodule unterschieden werden. Die Basismodule sind bei den Platinen immer bestückt und sie sind auch immer in der Firmware vorhanden. Optionsmodule hingegen sind auf der Platine vorbreitet, aber sie müssen nicht immer bestückt werden und sie können modular in die Firmware integriert werden.

Für universelle Anwendungen kann eine LocoNet-Komponente folgende Hardwarebestandteile aufweisen:

- **<u>Basis</u>**

    - 1 - 2 x LocoNet Steckverbinder
    - 1 x RS232 Interface mit DB9-Steckverbinder
    - diverse LED

- **Option (nicht bestückt oder nachträglich bestückt)**
  - 1 x 4bit Write only LCD Display oder LED-7-Segment-Display
  - 1 x 4x4 Keypad (Tastatur)
  - Steuerelemente:
    - 2 x Encoder (rotatorisch)
    - 2 x Umschalter
  - Energieversorgung:
    - extern
    - LocoNet RailSync
  - 1 x Summer

Abbildung 4.5 zeigt eine mögliche und realisierte Ausführung einer Multi-LocoNet-Komponente (Beispiel Bediengerät)

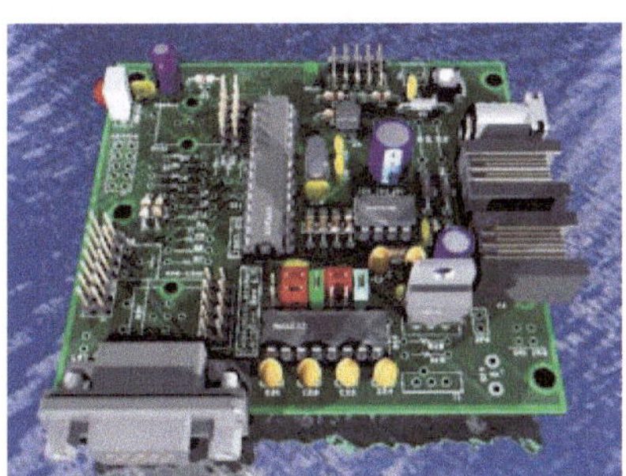 

Abb. 4.5: Multi-LocoNet-Komponenten (Beispiel Bediengerät, 2 realisierte Ausführungsvarianten)

4.3.2.2 Software

Bei der Struktur der Software kann der Entwickler zwei Wege gehen.

- Nutzung der Technologie einer „Geradeausprogrammierung mit Interruptunterstützung"
- Nutzung eines einfachen Echtzeitkernels zur optimalen Strukturierung und Umsetzung der Funktionalitäten

Die Entscheidung wird dabei hauptsächlich vom Umfang an Aufgaben bestimmt. Hierbei kommt teilweise erschwerend hinzu, dass die Mikrocontroller begrenzte Ressourcen aufweisen. Die größte Reglementierung ist bei Speicher zu sehen. Vor der Erstellung einer Applikation ist die Struktur zu bestimmen. Dabei zeigt Abbildung 4.6 den gangbaren Weg auf. Eine Portierung einer bisher laufenden und als „Geradeausprogramm" erstellten Firmware auf der Basis eines Echtzeitkernels befindet sich in der Umsetzung. Diese ist für das Jahr 2007 vorgesehen.

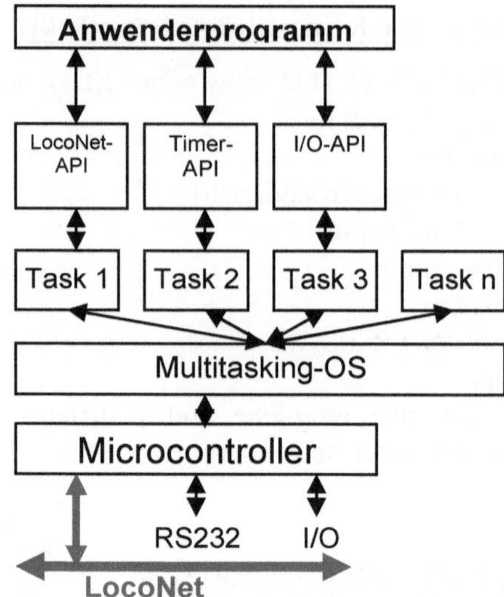

Abb. 4.6: Nutzung eines Echtzeitkernels für eine LocoNet-Komponente mit vielfältigen Funktionen: I/O, Booster, Anzeige- und Eingabeterminal, ZentraleDezimale Nummerierungen

5. Zusammenfassung

Um die eingehende Frage abschließend zu beantworten: Wie viele Mikrocontroller werden denn nun benötigt? Nun, minimal 3 (Steuergerät, Zentrale mit Interface, Lokdecoder), maximal sind keine Grenzen gesetzt. Die Zukunft wird hier noch viele Überraschungen bringen. Neben LocoNet sind auch Arbeiten im Gange Gateways über TCP/IP zu realisieren. Die Arbeiten sehen sehr erfolgversprechend aus. Damit steht einer global vernetzten Multicomputersteuerung nichts mehr im Wege. Auch wenn hier die Frage erlaubt sein sollte: Wer braucht dies? Nun, diese Fragen haben wir uns in der Vergangenheit schon vielfach gestellt und wir wurden immer eines Besseren belehrt.

6. Literatur

1.   Digitrax Inc. : The Digitrax Big Book of DCC, Published by Digitrax, Norcross, GA USA 30071, 1999
2.   Digitrax Inc. : The LocoNet Personal Edition, Published by Digitrax, Norcross, GA USA 30071, 1999
3.   Bernd Schneider: LocoNet von Digitrax, MIBA Spezial 42 , S. 90 – 94, Nürnberg, 1999

Implementierung und Vergleich verschiedener Strategien zur Durchführung von Ethernet Performance Messungen

Michael Gernoth[1], Jochen Reinwand[2], Stephan Kraft[2], Verena Venus[3],
Roland Karch[3], Ralf Kleineisel[3] und Birgit König[3]

[1] Lehrstuhl für Informatik 4, Friedrich-Alexander Universität Erlangen-Nürnberg
[2] Regionales Rechenzentrum, Friedrich-Alexander Universität Erlangen-Nürnberg
[3] Verein zur Förderung eines Deutschen Forschungsnetzes, Berlin

Zusammenfassung. Performancemessungen von Netzwerkverbindungen spielen gerade für Echtzeitanwendungen eine große Rolle. Hierbei ist besonders die Paketlaufzeit und deren Verlauf über einen längeren Zeitraum von Interesse. Bisher wurde diese durch IPPM[1]-Messungen[1] bestimmt, welche auf dem UDP-Protokoll basieren. Für direkte Layer-2-Verbindungen sind aber auch Messungen auf dieser Schicht möglich, um eine genauere Abbildung der vorhandenen Dienstgüte zu erhalten. Im Folgenden wird eine durch drei Implementierungen umgesetzte Messmethode vorgestellt, welche Messungen auf der hardwarenahen Sicherungsschicht des ISO/OSI-Protokollstapels ermöglicht und auch die im Betriebssystem entstehenden Delays ermitteln kann. Der Vergleich mit der IPPM-Messung zeigt die Vorteile der direkteren Messung.

1 Einleitung

Durch die zunehmende Verfügbarkeit von Weitverkehrsverbindungen, welche direkt auf der Netzwerkebene verbunden sind, steigt deren Einsatz in Echtzeitanwendungen. Dies ist besonders auf die durch die genutzten Technologien bereitgestellte Dienstqualität zurückzuführen, welche die Übertragung von echtzeitkritischen Daten ermöglicht. So setzt zum Beispiel das VIOLA-Projekt[2] im MUPBED-Testbed[3] SDH[2]-Verbindungen ein, um Videodaten in Echtzeit zwischen verschiedenen Standorten zu übertragen.

Da gerade Echtzeitanwendungen auf diesen Verbindungen eine andauernd hohe Dienstgüte fordern, wurden am DFN-Labor des Regionalen Rechenzentrums Erlangen Methoden zur Bestimmung des Layer-2-Delays entwickelt. Diese lehnen sich an die schon vorhandenen IPPM-Messungen an, bei denen UDP-Pakete[4] zur Bestimmung des One-Way-Delays[5] (Messung nur in eine Richtung) eingesetzt werden. Durch die Verwendung von Layer-4 (UDP) Paketen

---

[1] IP Performance Metrics
[2] Synchrone Digitale Hierarchie

sind IPPM-Messungen für geroutete Weitverkehrsverbindungen sehr gut geeignet, da die durch den Netzwerkprotokollstapel des Betriebssystems hervorgerufenen Verzögerungen gegenüber denen durch die Paketvermittlung erzeugten Delays kaum ins Gewicht fallen.

Werden diese Messungen jedoch auf Verbindungen mit sehr kurzer Paketlaufzeit eingesetzt, so beeinflussen diese Ungenauigkeiten das Messergebnis in einem sehr hohen Maße. Um dieses Problem zu lösen, wurden direkte Messverfahren auf Ethernet-Basis entwickelt, welche die zeitkritischen Abläufe der Messung direkt im Systemkern des eingesetzten Linux-Betriebssystems durchführen und eine sehr direkte Kommunikation mit der Netzwerkhardware ermöglichen. So sind im Gegensatz zu IPPM deutlich genauere Messungen möglich, da das Messergebnis nicht durch Kontextwechsel zwischen User- und Kernelspace verfälscht wird und auftretende Verzögerungen im Netzwerkstapel minimiert werden. Die Messungen setzen auf Ethernet Layer-2 auf, benötigen also nur die im ISO/OSI-Referenzmodell spezifizierten Bitübertragungs- und Sicherungsschichten. Die Adressierung der einzelnen Messpunkte findet auf der Basis der MAC-Adressen der eingesetzten Netzwerkhardware statt, weshalb diese Messungen nur in Netzen eingesetzt werden können, die auf Layer-2 verbunden sind. Traditionell sind dies lokale Netzwerke (LANs), bei denen die Verbindung über Hubs und Switche hergestellt wird. Neuerdings sind immer häufiger auch getunnelte Verbindungen anzutreffen, welche den Layer-2 über höhere Schichten des Protokollstapels tunneln und so eine „direkte" Verbindung über große geroutete Weitverkehrsnetze (wie das Internet) ermöglichen. Auch direkte Layer-2-Verbindungen sind heutzutage durch Multiplextechniken wie SDH kostengünstig zu realisieren und für verteilte Echtzeitaufgaben aufgrund Ihrer hervorragenden Dienstgüte besonders gut geeignet.

Die hier vorgestellte Messmethode ermöglicht die Messung des One-Way-Delays auf jeder vorhandenen Layer-2-Verbindung, egal ob diese direkt besteht, durch einen Tunnel realisiert wurde oder eine SDH-Verbindung die Messpunkte miteinander verbindet.

2   Messmethode

Die Messungen basieren auf dem Prinzip der Bestimmung des One-Way-Delays. Hierbei werden nicht wie bei einer normalen „Ping"-Messung Pakete zwischen zwei Messpunkten hin- und hergesendet, sondern diese nur von einem Sender zu einem Empfänger übertragen. Um bei dieser Messmethode verwertbare Ergebnisse zu erhalten, müssen die Uhren der eingesetzten Messboxen (hier sind dies geographisch verteilte Linux-Rechner) sehr genau synchronisiert werden und möglichst gleichläufig sein. Um allen Uhren eine gleiche Zeitbasis zu geben, werden sie mithilfe von GPS-Empfängern auf die von den GPS-Satelliten ausgestrahlte Uhrzeit synchronisiert.

Da die Messung auf dem Ethernet Layer-2 aufsetzt, werden die eingesetzten Messsonden als „Frames"[6] bezeichnet, da diese die auf diesem Layer genutzte Informationseinheit sind.

Zur Bestimmung des One-Way-Delays werden Messframe-Gruppen eingesetzt. Hierbei wird eine festgelegte Anzahl an Messframes mit einem kurzen, vorher definierten Abstand an den Empfänger gesendet und von diesem ausgewertet. Der komplette Gruppenversand wird nach einem durch den Anwender vorgegebenen Zeitraum wiederholt. Durch diese Art der Messung können Einflüsse des Prozessorcaches auf das Messergebnis erkannt und dessen Einfluss auf das Messergebnis minimiert werden. Der Einfluss spiegelt sich in der etwas längeren, gemessenen ,,Paketlaufzeit" des ersten Frames einer Messgruppe im Gegensatz zu den folgenden Paketen wieder. Dies ist auf die Tatsache zurückzuführen, dass der für die Messungen benötigte Programmcode für das erste Paket einer Gruppe mit hoher Wahrscheinlichkeit aus dem Hauptspeicher geladen werden muss, während er bei den folgenden Paketen schon im Prozessorcache zu finden ist. Weiterhin können durch die Gruppenmessung einzelne Ausreißer in einer Gruppe erkannt werden.

Auch können auf diese Weise kurzzeitig auftretende Störungen erkannt werden, welche sich auf die mit Echtzeitanforderungen übertragenen Daten auswirken könnten und so zum Beispiel zu Aussetzern in übertragenen Videodaten führen würden.

Als Messsonden werden Ethernetframes des bisher ungenutzten Ethernet-Protokolltyps 0x0815 genutzt, welche neben einer stetig inkrementierten Sequenznummer und dem Sendezeitstempel auch Informationen über die Art des verwendeten Senders, dessen Zeitquelle und deren Genauigkeit enthalten. Durch diese Angaben kann die Genauigkeit einer Messreihe bestimmt werden. Verschiedene Implementierungen des Messverfahrens bringen die generierten Messframes an verschiedenen Stellen in den Netzwerkstapel des Betriebssystems ein, weshalb auch sein Einfluss auf die Messgenauigkeit bestimmt werden kann. Hierbei werden die Pakete einmal im Userspace durch die Verwendung portabler Opensource-Bibliotheken, einmal durch den direkten Zugriff auf die vom Betriebssystem zur Verfügung gestellte Raw-Socket-Schnittstelle und einmal direkt im Systemkern generiert und versendet. Diese letzte Methode bietet aufgrund der fehlenden zeitkritischen Kontextwechsel die beste Messgenauigkeit und die geringsten auftretenden Schwankungen.

Durch drei unterschiedlichen Ansätze zur Implementierungen der selben Messmethode ist es möglich, nicht nur die auf der Verbindung auftretenden Verzögerungen zu messen, sondern auch einen Einblick in die Echtzeitfähigkeit des Netzwerkstapels des eingesetzten Betriebssystems zu erhalten. So kann die Zeit des Datenaustauschs zwischen User- und Kernelspace bestimmt werden, sowie die im Kernel auftretenden Delays. Diese als ,,Nebenprodukt" anfallenden Ergebnisse können zur Auswahl geeigneter Hardware für zeitkritische Aufgaben eingesetzt werden und so zur Verbesserung einer auf Netzwerkzugriffen basierenden Echtzeitanwendung eingesetzt werden.

Die Bestimmung des Sendezeitstempels geschieht bei den einzelnen Implementierungen an verschiedenen Stellen im System und durch unterschiedliche Methoden. Während bei der Messung direkt im Systemkern auf die dort zur Verfügung gestellten Funktionen zur Uhrzeitabfrage zugegriffen wird, können die anderen Implementierungen die Zeit nur durch einen Systemaufruf feststellen, welcher einen „kritischen Kontextwechsel" (d.h. mit gesetzter Zeit) nach sich zieht. Die Auswirkungen dieser Kontextwechsel und des Einsatzes von Bibliotheksfunktionen wurde durch Messpunkte im Systemkern und im Userspace bestimmt und so eine Aussage über das Echtzeitverhalten des Netzwerkstapels ermöglicht.

Für die Bestimmung des Empfangszeitstempels kann in allen Implementierungen der Socketbuffer-Timestamp des Linux-Kernels genutzt werden, welcher eine Mikrosekundenauflösung besitzt und bei der Erstellung des Datenpuffers im Netzwerkkartentreibers ermittelt wird. Dieser Zeitstempel wird auch genutzt um die im Netzwerkstack auftretenden Verzögerungen zu bestimmen. Er bietet die genaueste Angabe über den Zeitpunkt des Eintreffens eines Frames im Betriebssystem.

3 Messungen

3.1 Back-2-Back

Um den Unterschied zwischen der IPPM-Messung und der direkten Messung auf Ethernet Layer-2 festzustellen, wurden „Back-2-Back" Messungen zwischen zwei direkt verbundenen Maschinen, deren Uhren durch GPS synchronisiert wurden, durchgeführt. Hierzu wurden zwei mit einem Intel Pentium 4 ausgestattete Maschinen mit 3 GHz Taktfrequenz eingesetzt, welche auf einer Netzwerkschnittstelle per Cross-Over-Kabel verbunden waren. Zur Synchronisierung der Uhren wurden GPS-Karten der Firma Meinberg[7] eingesetzt, welche ein auf 100 Nanosekunden genaues Zeitsignal liefern können. Das Ergebnis des Vergleichs ist in der Abbildung 1 dargestellt. Hierbei ist auffällig, dass bei der Layer-2-Messung ein deutlich schärfer abgegrenztes Ergebnis erzielt wurde, als bei der IPPM-Messung. Der Hauptbereich der Layer-2-Messungen liegt im Bereich von $10{,}2\mu s$ bis $15{,}4\mu s$, Ausreißer sind bis in die Gegend um $23\mu s$ zu finden. Bei der IPPM-Messung befindet sich das Hauptband im Bereich von $24\mu s$ bis $30\mu s$, der Hauptteil der Ausreißer ist in dem Bereich bis $62\mu s$ zu finden. Diese Messung zeigt, dass die erreichten Layer-2-Messergebnisse komplett unterhalb der IPPM-Ergebnisse liegen und so eine genauere Abbildung der vorhandenen Netzwerkverhältnisse möglich ist. Dieser stark ausgeprägte Unterschied der Messergebnisse ist auf die sehr kurze Verbindungsstrecke von wenigen Metern zurückzuführen.

3.2 Delaymessungen Köln-Erlangen

Über eine durch das VIOLA-Projekt zur Verfügung gestellte Messstrecke wurden Messungen zwischen Erlangen und St. Augustin bei Köln durchgeführt. Diese Strecke wird zur Echtzeitübertragung von Videodaten eingesetzt, wodurch Anspruch an eine sehr hohe und gleichbleibende Dienstgüte gestellt wird. Die Verbindung wurde mit Hilfe der SDH-Technik realisiert, wobei der Datenverkehr zwischen Erlangen und St. Augustin über einen Knoten in Nürnberg geleitet

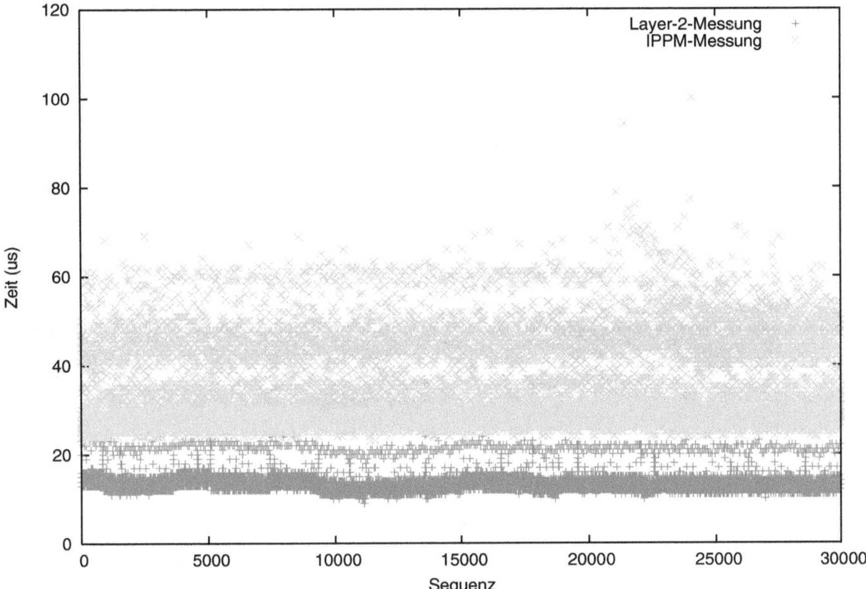

Abb. 1. Vergleich der IPPM-Messung mit der Layer-2-Messung im Back2Back-Aufbau

wurde. Ein Schema der genutzten Messstrecke ist in Abbildung 4 dargestellt. Als Messhardware wurden hier zwei Linux-Rechner mit je einem Intel Pentium 4 mit 2,4 bzw. 2,6 GHz eingesetzt. Die Uhren waren auch hier über GPS-Empfänger-karten synchronisiert. Auch auf dieser Strecke wurden sowohl IPPM- wie auch Layer-2-Messungen durchgeführt und die resultierenden Ergebnisse miteinander verglichen.

Auch hier ist das Ergebnis der Layer-2-Messung (Abbildung 2) deutlich schärfer begrenzt als das der IPPM-Messung (Abbildung 3) und die Streuung um das Hauptband ist bei ersterer deutlich weniger ausgeprägt. Die IPPM-Messung weist auch ein Band Ausreißer im Bereich um $14ms$ auf, welches in der Abbildung nicht dargestellt ist, um den gleichen, wie bei den Layer-2-Ergebnissen gezeigten Bereich darzustellen.

Diese hohen Ausreißer können durch Optimierungen des Netzwerkkartentreibers der eingesetzten Netzwerkkarten erklärt werden, welche zur Verminderung der Interruptlast einige Pakete bündeln und erst dann einen Interrupt auslösen, um die neuen Pakete dem Betriebssystem anzuzeigen.

Zusätzlich wurden Messungen bei aktiver Videoübertragung durchgeführt, wobei sich deren Ergebnisse nicht von den oben angegebenen Ergebnissen ohne Last unterscheiden, da die Verbindung eine deutlich höhere Bandbreite aufwies als für die Videoübertragung benötigt.

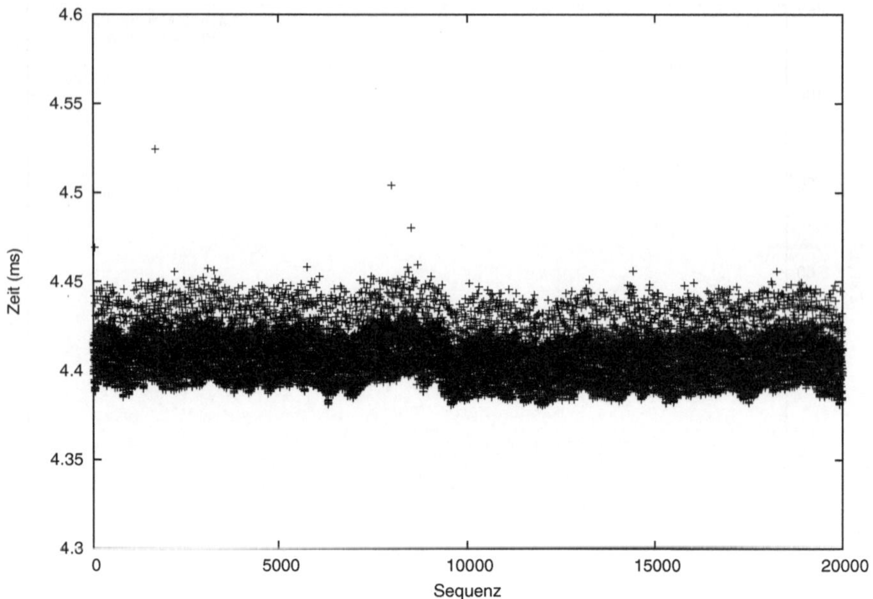

Abb. 2. Layer-2-Messung der Messstrecke Erlangen-St. Augustin

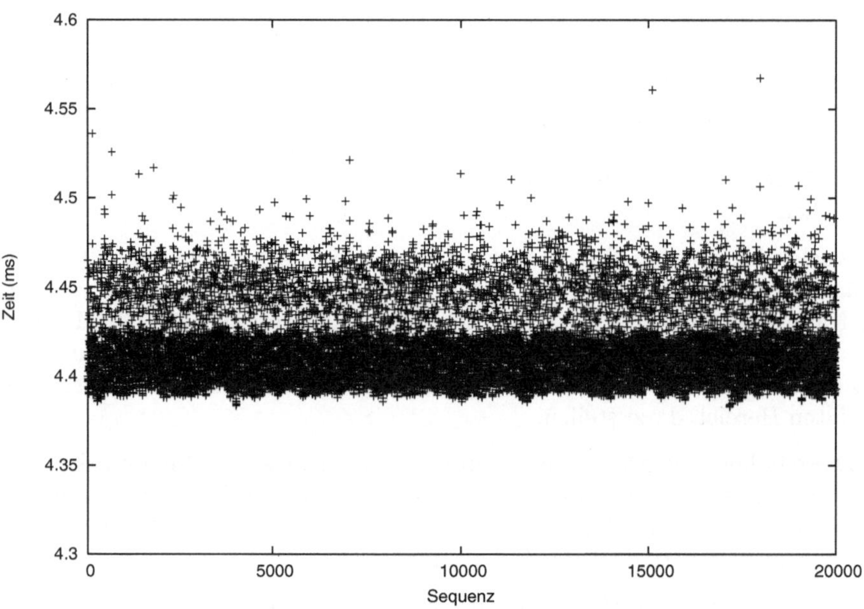

Abb. 3. Ausschnitt der IPPM-Messung der Messstrecke Erlangen-St. Augustin

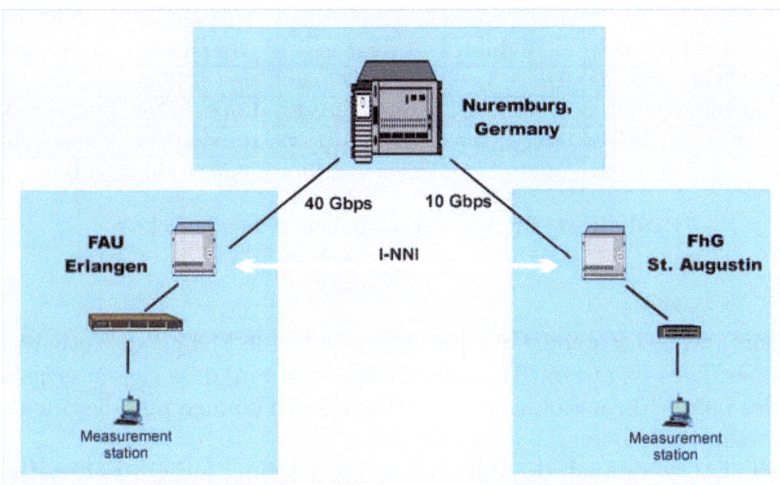

Abb. 4. Schema der VIOLA-Verbindung zwischen Erlangen und St. Augustin

3.3 Bestimmung der Echtzeitfähigkeit des Netzwerkstapels

Zusätzlich zu den Messungen der im Netzwerk entstehenden Delays wurden die im Netzwerkstack des eingesetzten Linux-Kerns auftretenden Verzögerungen bestimmt. Hierfür wurde ein im Netzwerkkartentreiber gesetzter Empfangszeitstempel als Referenzwert benutzt, um die Dauer der Datenübertragung zu bestimmen. Bei allen Implementierungen wurden die Zeiten zwischen dem Empfang des Pakets im Netzwerkkartentreiber und der Übergabe des Pakets an den Userspace gemessen. Zusätzlich wurde in der Implementierung als Kernel-Modul auch die Ankunftszeit im Kernelmodul gemessen, um einen Eindruck der Latenz im Netzwerkstack gegenüber der Kontextwechselzeit zu bestimmen.

Durch die hierbei gewonnenen Ergebnisse ist es möglich sowohl die zur Messung eingesetzte Hardwareplattform als auch eventuell die für die Anwendung eingesetzte Hardware zu optimieren, um Verzögerungen im Netzwerkstapel so gering wie möglich zu halten. Die in Tabelle 1 aufgeführten Messergebnisse zeigen Beispielhaft, dass die derzeit auf den Messboxen eingesetzte, x86-basierte Hardware durch den Einsatz von PowerPC-Hardware verbessert und dadurch die Messgenauigkeit erhöht werden könnte.

4 Ausblick

Durch eine Änderung des Layer-2-Messverfahrens wäre es möglich, den Sendezeitstempel noch näher an der Netzwerkhardware, nämlich im Netzwerkkartentreiber zu bestimmen. Da hierzu jedoch jeder Netzwerkkartentreiber das Messprotokoll verarbeiten müsste, wäre eine Umsetzung dieser genaueren Zeitstempelbestimmung mit einem sehr tiefen Eingriff in große Teile des Linux Kernels

Prozessor	Kernelmodul		Rawsocket	Bibliothek
	Modul	Userspace	Userspace	Userspace
PPC G4 1,33GHz	$1\mu s - 3\mu s$	$6\mu s - 20\mu s$	$6\mu s - 17\mu s$	$7\mu s - 24\mu s$
x86 CoreDuo 1,66GHz	$1\mu s - 3\mu s$	$14\mu s - 30\mu s$	$12\mu s - 27\mu s$	$16\mu s - 33\mu s$
x86 P4 1,6GHz	$5\mu s - 31\mu s$	$17\mu s - 104\mu s$	$16\mu s - 98\mu s$	$20\mu s - 106\mu s$
x86 Geode 266MHz	$25\mu s - 51\mu s$	$115\mu s - 219\mu s$	$106\mu s - 216\mu s$	$113\mu s - 810\mu s$

Tabelle 1. Im Netzwerkstapel entstehende Delays

verbunden und das Ergebnis nur für eine sehr kleine Menge an Kernelversionen verwendbar. Dies ist auf die Tatsache zurückzuführen, dass sich interne Schnittstellen des Linux-Kernels ohne Vorwarnung ändern können und dies im aktuellen stable-Zweig der Version 2.6 auch der Fall war.

Vorstellbar wäre auch die Portierung der Messung auf ein Echtzeitbetriebssystem wie RTLinux oder QNX um variierende Delays im Betriebssystem ausschließen zu können und eine noch genauere Messung zu ermöglichen.

Die vorgestellte Messmethode bietet durch Zugriff auf die vom Betriebssystem zur Verfügung gestellten Empfangszeitstempel eine sehr hohe Genauigkeit im Empfangsweg der Pakete. Dieser Zeitstempel lässt sich auch in höheren Schichten des Linux-Netzwerkprotokollstapels abfragen, weshalb eine Verbesserung der für geroutete Weitverkehrsnetze eingesetzten IPPM-Messung möglich wäre.

Literaturverzeichnis

1. R. Kleineisel, I. Heller, S. Naegele-Jackson, *Messung von Echtzeitverhalten im G-WiN*, Verteilte Echtzeitsysteme (PEARL 2003) der GI-FG.4.4.2 Echtzeitprogrammierung, Boppard, 27./28.11.2003.
2. VIOLA-Projekt, http://www.viola-testbed.de/.
3. MUPBED-Testbed, http://www.ist-mupbed.org/.
4. G. Hofmann, *Implementation eines Programms zur Bestimmung der Dienstgüte in IP-Netzen*, Diplomarbeit März 2001, Friedrich-Alexander-Universität Erlangen-Nürnberg, Institut für Mathematische Maschinen und Datenverarbeitung (IV).
5. C. Demichelis, P. Chimento, *IP Packet Delay Variation Metric for IP Performance Metrics (IPPM)*. 2002 - RFC 3393.
6. IEEE, *802.3-2002 IEEE Standard for Information technology – Telecommunications and information exchange between systems – Local and metropolitan area networks – Specific requirements – Part 3: Carrier Sense Multiple Access with Collision Detection (CSMA/CD) Access Method and Physical Layer Specifications*, 2002, Institute of Electrical and Electronics Engineers, New York, USA.
7. Meinberg Funkuhren, http://www.meinberg.de.

Evaluation of Real-Time Aspects of Multiparty Security on Low-Power Mobile Devices

Tobias Limmer[*], Falko Dressler[*], Ruben Gonzalez[†]

[*]Department of Computer Science, University of Erlangen
[†]Faculty of Engineering and Information Technology, Griffith University

Abstract. In this paper, we evaluated the performance of key exchange protocols on mobile devices. The wide usage of low power mobile phones causes mobile computing to spread rapidly and an increasing number of networked applications are developed for these devices. One important consideration in this scenario is data security. This is particularly important in secure groupware, collaborative or multiuser applications where simultaneous communication with multiple parties must be securely maintained. One key component of building secure data channels are computationally expensive key exchange protocols. Based on the benchmark of several asymmetric algorithms on mobile phones, we theoretically analyzed the speed of authenticated multiparty key agreement protocols with different designs and compared them with each other. The results were confirmed by a protocol benchmark in our testbed.

1 Introduction

In the last few years mobile computing has experienced an immense rise in popularity, mainly caused by the wide-spread use of mobile phones. The transmission of data may become the weak link as very few encryption methods are available for applications running on mobile phones. It allows third parties to easily intercept personal data during wireless transfer and during the routing through an insecure network such as the Internet.

This issue is even more important in multiuser applications like teleconferencing or shared white boards, where simultaneous communication between different parties must be securely maintained and all peers are realized on mobile devices. The network topology considered for this multiparty communication is a fully-meshed net: every member of the group can exchange data directly with each other. The usage of external devices introduces restrictions on the usability of multiparty protocols. So, that solution was avoided in this work.

One important aspect for this communication type is dynamic membership: Members should be able to join and leave the group without any restrictions. Separately managed point-to-point connections between hosts and the usage of already well-established secure 2-party protocols, e.g. SSL, are clearly suboptimal for this environment because group communication cannot take advantage of its unique features. Another major aspect is authentication to prevent man-in-the-middle attacks. All tested protocols had to support authentication and our preferred way of performing it was the usage of certificates with an underlying asymmetrical cryptographic algorithm, as those are most flexible in practical use.

The main limitation for the use of cryptography are the mobile phones' extremely limited processing resources. The market of mobile phones shows a wide variance of processing speeds, so we differentiated between low-cost models and a group of more expensive devices with more features and processing resources.

We benchmarked the asymmetric cryptographic systems RSA, ECC and XTR, as they provide means for authentication and many key exchange protocols use those algorithms. Based on these results, we analyzed the performance of multiparty key exchange protocols suitable for mobile phones. Previous work only considered the total number of exponentiations on each host and for each protocol round, those values only give a rough estimation of the time needed for the protocol execution.

This paper is structured in the following way: section 2 presents the limitations of mobile phones and reviews different cryptographic algorithms and secure communication protocols. We describe our analysis of secure group key exchange protocols and the validating benchmark in section 3, whose results are presented in section 4.

2 Overview and Related Work

2.1 Hardware and Software Environment

Processing capabilities of mobile phones are very limited as such devices are focused on providing long battery runtimes and small proportions. The current assortment can be roughly divided into two classes by regarding the processing power and operating system: The lower end class called feature phones which are cheap and form the majority of phones in use. An example is Nokia's series 40: They run on a Java based operating system, provide a 32 bit ARM-9 CPU with approximately 20 MHz and their total memory is 200 KBytes, but for Java applications only 70 KBytes are available. The higher end class called smart phones is more expensive and does not dominate the market. It is represented by Nokia's series 60 phones: based on a non-Java operating system called SymbianOS, they also support execution of Java applications and provide a faster CPU with approximately 120 MHz and more than 2 MBytes of memory. We explicitly excluded faster devices like PDAs.

The provided software environment on the target devices is the Java 2 platform, Micro Edition (J2ME) with the Connected Limited Device Configuration (CLDC) and Mobile Information Device Profile (MIDP). Our benchmarks were written in Java and were executed in this environment.

Several different wireless networks are available for mobile phones, each with different features for data transmission: The most popular system is the Global System for Mobile Communications (GSM), whose main focus is on voice transmission and provides a maximum possible data transfer rate of 14.4 kbit/s. The

General Packet Radio Service (GPRS) is an extension of the GSM standard and makes use of unused bandwidth for data transmission. Its theoretical speed limit is 170 kbit/s, but in practice usually 30-70 kbit/s are achieved. The successor of GSM is the Universal Mobile Telecommunication System (UMTS) with a theoretical maximum data rate of 1970 kbit/s, but currently only up to 320 kbit/s are supported.

2.2 Cryptographic Algorithms

Cryptographic algorithms can be separated into two groups, depending on the number and type of keys used: Symmetric algorithms use the same key both for encryption and decryption and show good performance as they are based solely on simple and fast operations. Asymmetric algorithms use two keys, one for encryption (public key) and one for decryption (private key). The public key is usually made public, only the private key for decryption of data is kept secret. Rivest, Shamir and Adleman presented the first asymmetric cryptographic algorithm in 1978 [1]. It is one of the most used algorithms at the moment. Several works try to speed up calculations of RSA by outsourcing work to external servers [2,3].

A more efficient asymmetric algorithm than RSA is the elliptic curve algorithm proposed independently by Miller in 1985 [4] and Koblitz in 1987 [5]. ECC only needs small key sizes for an adequate security level, so less time is needed for calculations. Another interesting alternative to RSA was presented by Lenstra and Verheul in 2000 [6]: XTR. It is an abbreviation for 'Efficient and Compact Subgroup Trace Representation'. Similar to RSA, XTR is based on the discrete logarithm problem, but it uses traces to represent and calculate powers of elements of a finite field's subgroup. This enables the algorithm to perform faster than its predecessor RSA.

2.3 Key Exchange in Cryptographic Protocols

Authenticated key establishment protocols perform two functions: They try to establish the authenticity of communicating peers and after successful execution, all parties are ensured that their peers are what they seem to be. The second function is the agreement of all participating hosts on a common shared key, which is usually needed for symmetric encryption of data.

The common process to establish and maintain secure symmetrical keys is realized in the following way: At first, a key encryption key (KEK) is exchanged by a key establishment protocol. This key is used to exchange group encryption keys (GEKs), which encrypt bulk data for a part of the session. After a certain time both hosts exchange a new GEK by using the KEK again. This process is called re-keying. We used key exchange protocols which rely on asymmetric cryptographic algorithms. Those are more flexible in usage, as they do not necessarily rely on predistributed information like symmetric algorithms.

Multiparty key exchange adds new challenges to its protocols compared to 2-party key exchange: Mutual authentication requires much more effort because of the greater number of hosts. Dynamic membership where hosts can join and leave the group dynamically also adds additional complexity. Multiparty protocols usually support different forms of key agreement: In an initial key agreement (IKA), the session key is established for the first time in a new group. When the membership changes and a host joins or leaves the group, auxiliary key agreement (AKA) is performed. AKA ensures, that former party members do not know the shared key after they left the group (forward secrecy) and that old shared keys are not retrievable for new party members (backward secrecy). Several secure protocols for multiparty applications have already been suggested [7,8,9]. They can be separated into contributory protocols and centralized protocols. Contributory protocols treat every party member identically and do not depend on a host which manages the security setup of the group. Almost none of introduced contributory group key exchange protocols support authentication of the members, and many early proposals were proven insecure [10]. Centralized protocols make use of one central host called group manager (GM), which controls the group's security and uses a 2-party key exchange protocol to distribute the keys.

3   Secure Group Key Exchange

The performance of several group key agreement schemes was analyzed in this work. We assumed that all hosts are identical and perform all calculations equally fast. Algorithms based on symmetric cryptographic techniques are assumed to take no time for computation, as only little data is encrypted. The number of asymmetric operations was counted for each operation of the protocol. All calculations performed simultaneously on different machines were only counted as one calculation, as in that case no additional time was needed for the whole protocol execution. We also calculated the amount of message exchanges, as time needed for data transfer in wireless networks also impacts a protocol's performance. Transmission delays caused by the transfer of large amounts of data are not considered, as during key exchange only a small amount is transferred. So parallel message transfers and messages sent to multiple destinations are counted as a single message transfer. Message transfers which do not have any impact on the time needed for protocol execution were not counted. In the case that key exchange protocols were implemented, it may be possible that more message exchanges are needed than mentioned in this paper. We only considered the bare minimum amount for cryptographic security. We used the term no_e for the number of needed sequential exponentiations and no_c for the total number of sequential message transfers which delay protocol execution in a group of n hosts.

We analyzed the following operations of each protocol:

- *initial setup* – this operation is executed when a secure communication session is to be set up and all hosts agree on a common KEK
- *member join* – a new host U_{n+1} joins an already existing group
- *member leave* – a host leaves the group and the GEK will be changed

3.1 Contributory Key Agreement

Two contributory key agreement protocols were analyzed. The original protocols only agree on a KEK, so we included GEK generation and distribution by a randomly chosen member to reflect a more practical operation of the protocol. AKE1 was developed by Bresson in 2001 to 2003 [11]. It is one of the few contributory group key agreement protocols which are still considered secure. The hosts are arranged in a ring. All exchanged messages are signed using the hosts' long-term certificate and contain identifying strings. The signatures are verified by the receiving hosts. We assumed, that the protocol makes use of ECDSA which performs one EC multiplication for the signing operation and two multiplications to verify a signature.

TGDH was proposed by Kim et al. in 2000 [12] and was designed to be scalable for larger groups. Its primary structure is based on a fully balanced binary tree. The original protocol does not provide authentication, but it was included in the analysis because of its special structure which scales much better than the other contributory protocol AKE1. Authentication was artificially added to the protocol: every message exchanged between hosts was being signed by the sender and then the signature was verified by the receiving host. This was a theoretical measure to be able to compare the protocol with other authenticating schemes. It was not assumed that the protocol is secure against malicious attacks. Table 1 shows the results of the analysis of both protocols.

Protocol	Operation	no_e	no_c
AKE1	initial setup	$\frac{n(n-1)}{2} + 4n$	$n+1$
	member join	$2n + 7$	3
	member leave	$n + 2$	2
TGDH	initial setup	$5\lceil \log_2 n \rceil - 5$	$\lceil \log_2 n \rceil$
	member join	$5\lceil \log_2(n + 1) \rceil - 5$	$\lceil \log_2(n + 1) \rceil$
	member leave	$5\lceil \log_2(n + 1) \rceil - 5$	$\lceil \log_2(n + 1) \rceil$

Table 1. Results of theoretical analysis of contributory protocols

3.2 Centralized Key Distribution

In centralized key exchange, the group members do not perform any key agreement with each other, but only with the central GM. The process of centralized key distribution involves two steps:

1. The GM performs 2-party authenticated key exchange with all members in he group. As a result, the GM and each of the members share a KEK respectively.
2. The GM chooses randomly a common GEK and distributes it to all other members using the KEKs.

The key exchange protocol used in the initial exchange of the KEKs between GM and the other hosts needs to be as efficient as possible. Strangio and Popescu [13,14] performed an analysis of current 2-party authenticated key exchange protocols that use ECC. Almost all of the protocols require 2-3 asymmetrical operations per run. The most promising protocol is LLK which requires 2 operations for the key exchange per host. The time needed for key exchange increases linearly with the size of the group. New members are usually included in the group's encryption scheme by performing one 2-party key exchange and sending a new GEK to all members. Member leaves also require a new GEK to be sent to the remaining group members. Thus the total number of sequential multiplications and messages is constant for both member joins and leaves.

3.3   Benchmark of Asymmetric Cryptographic Algorithms

The computationally most expensive calculations performed during key exchange are operations in an asymmetric cryptographic system. So we implemented a benchmark which tests the performance of RSA, ECC and XTR for the operations key generation, encryption and decryption with different key sizes. Relevant algorithms were taken from the libraries Bouncy Castle and Crypto++. The benchmark was written in Java as a MIDlet so that it was able to run in various mobile phones with MIDP support. A series 40 Nokia 6320 and a series 60 Nokia 6630 mobile phone were used for this test. The MIDlet was executed on both devices, so that the tests were performed identically. To obtain realistic results, the phones were connected to a phone network, but no other application was being executed at the same time. We used RSA with key size 1024 bit, ECC with 160 bit and XTR with 170 bit, which roughly provide equal security levels and are considered secure in this configuration at the moment.

4   Results and Discussion

4.1   Asymmetric Cryptographic Algorithms

As described in section 3.3, we performed a benchmark of asymmetric cryptographic algorithms. The results are displayed in figure 1. RSA key generation showed a large speed variance during the tests, this was caused by the trial-and-error mechanism that tried to find an appropriate RSA key pair by random selection of numbers and a subsequent test for validity. Private and public key sizes were unbalanced in the used implementation of RSA. The public key was much smaller than the private key, so operations involving the public key (like encryption) took much less time than private key operations (like decryption). ECC operations showed more constant results, as no trial-and-error algorithm is used in any of its operations. The time for ECC and XTR encryption was twice the time for key generation and decryption, as two multiplications/exponentiations had to be performed for encryption instead of just one for key generation and decryption. Figure 1 shows the time needed for one operation in the cryptographic systems ECC and XTR.

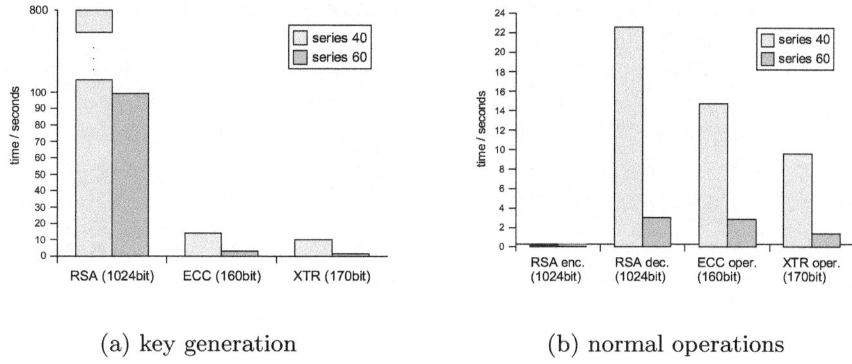

(a) key generation   (b) normal operations

Fig. 1. Performance comparison of RSA, ECC and XTR on series 40 and 60 mobile phones

Key generation in the RSA cryptographic system took too long on mobile devices for practical use. Even on series 60 mobile phones, the process took in average 100 seconds. Although key generation had to be performed only once, the device was not be accessible at all during that time. Performance of ECC operations is a bit better compared to RSA decryption. This result was disappointing, as ECC is highly recommended in literature because of its vast performance advantages. A reason for this performance could have been the implementation of the Bouncy Castle Cryptographic API, which might have been inefficient. XTR operations showed slight speed advantages over ECC. The benchmark results suggested to use XTR, but as it was introduced only five years ago, minimal scientific effort has been invested into the algorithm.

Overall, the use of ECC can be recommended for asymmetrical cryptographic operations. It was much faster in key generation than the current state-of-the-art cryptographic algorithm RSA and also showed performance improvements in decryption. Besides, much scientific work has been spent on ECC already and it is well recognized in the scientific community.

4.2 Key Exchange Protocols

We combined the results of the asymmetrical algorithms' performance test with the theoretical analysis of secure group protocols. Figure 2a compares the performance of initial setup in a set of series 40 and a set of series 60 mobile phones. The fastest initial setup of series 40 mobile phones was performed in 2 minutes, which is too much time for practical application. For further analysis, we only considered the faster group of series 60 phones. One operation in the elliptic curve was assumed to take 2.9 seconds, and a message transfer was assumed to take 2 seconds, as this is average in GSM data networks. The available network bandwidth was not included in our calculations. If many messages are sent simultaneously to many hosts, the bandwidth may become an important factor in the speed calculations. So the calculated values are lower bounds.

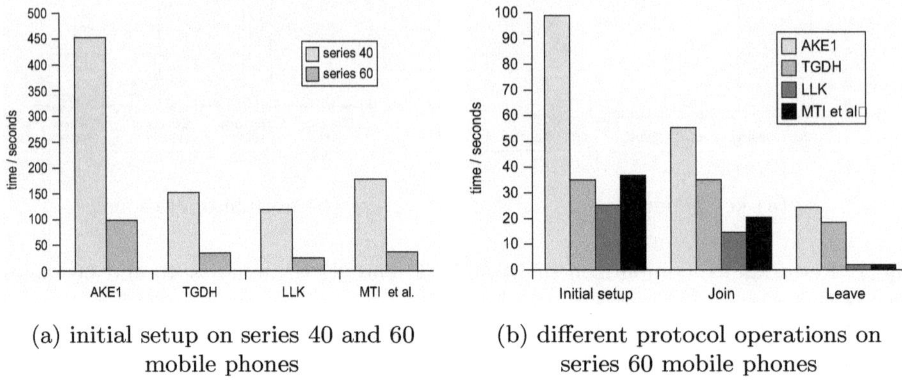

(a) initial setup on series 40 and 60 mobile phones

(b) different protocol operations on series 60 mobile phones

Fig. 2. Performance comparison of multiparty protocols with 5 group members

Figure 3 shows the results of the key exchange protocols' theoretical analysis. When setting up a new group, the complexity of AKE1 is $O(n^2)$. The cost of member joins and leaves is linear. The modified TGDH key exchange always performs the same operations during the group's initial setup, member join or leave. Its complexity is logarithmic to the group size, which results in much faster speeds than AKE1.The time needed to setup a group with the centralized group key distribution protocol based on LLK increases linearly to the group size. Up to a group size of 4 members, a small delay can be seen, as the GM needed to wait for some peers, before key exchange can finish. We included a slightly slower protocol called MTI/A0 in the diagram, which needs 3 asymmetrical operations to complete, to show how the speed of the 2-party key exchange influences the whole multiparty key exchange. Member joins need one 2-party key exchange and one message transfer to distribute the GEK. The protocols just perform one message transfer to distribute the GEK when a member leaves the group, so both LLK and MTI/A0 show the same speeds. We also performed a benchmark involving one series 60 and two series 40 mobile phones to validate the results of the theoretical analysis. The results confirmed our theoretical calculations.

In real environments, we do not expect more than ten members communicating with each other. A typical situation would be 5 members or less in a group. Figure 2b shows the times needed for each protocol and its operation. AKE1 is the slowest protocol in all three cases. The tree-based protocol TGDH is much faster in initial setup, but still needs twice the time for join operations and a member leave is more than ten times slower compared to the centralized protocols. MTI/A0 is slower than TGDH and LLK in the initial setup, but almost

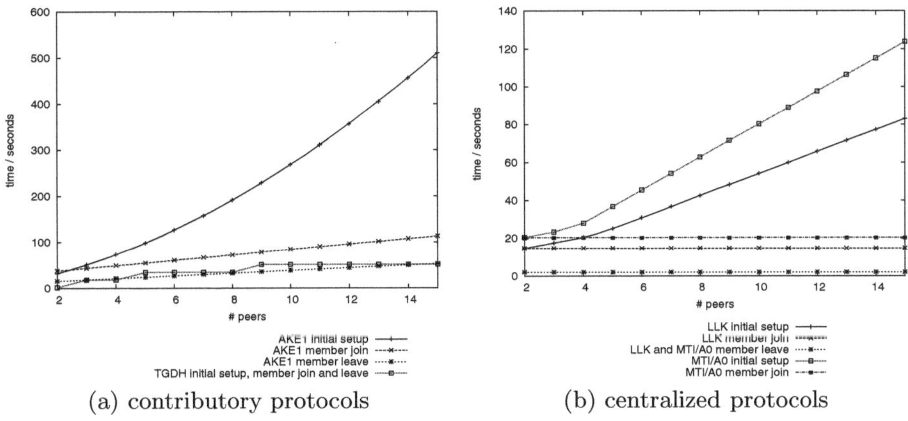

(a) contributory protocols   (b) centralized protocols

Fig. 3. Performance of key exchange protocols

twice as fast as TGDH in the join operation. Overall, LLK proved to have the best performance in all three operations.

Contributory protocols have security advantages over centralized protocols, but those are bought at an expensive price - especially AKE1's performance is much worse than the centralized protocol's performance. In each protocol operation, every member of the party needs to perform asymmetrical operations, which is not the case for centralized key exchange protocols. Those have some performance advantages through the use of symmetric encryption between group manager and members. Particularly leave operations are very efficient in centralized protocols: the GM chooses randomly a new GEK and the only notable delay is caused by the message transfer, whereas contributory protocols always have to perform computationally expensive asymmetrical operations. Unfortunately, centralized protocols are not well scalable, as the amount of computations on the GM is linear to the group size.

5 Conclusion

We analyzed several secure multiparty protocols for their feasibility to use them in groups only consisting of mobile phones, excluding the group of powerful PDA-like devices. Especially the case of smaller groups with 10 hosts or less was considered for groupware applications like teleconferencing. Special attention was given to the autonomy of the group and authentication of the peers.

Asymmetric cryptographic algorithms are required for the practical use of authentication. Our benchmarks showed, that ECC and XTR perform much better than RSA on the target platform. As XTR has been introduced only a few years before, we chose the more reliable alternative ECC for further analysis. Contributory protocols like AKE1 or TGDH always perform calculations on all hosts due to their decentralized nature. Centralized protocols using 2-party key exchanges like LLK or MTI/A0 have an advantage, especially in member join and leave operations, as only the group manager and one other host have to perform expensive calculations.

Our tests showed, that a centralized key distribution protocol using LLK is the best choice, but a time of 25 seconds for initial setup in a group of 5 devices on mobile phones of the faster generation is quick enough only for few applications. The current state of technology does not permit this type of communication yet. But the mobile phones' support for applications is improving: Processor speeds are increasing and more and more features are offered in their program environment. However, their processing power will still be a major concern for encryption in the years to come.

6 Bibliography

1. R. L. Rivest, A. Shamir, L. Adleman, *A method for obtaining digital signatures and public-key cryptosystems.* Communications of the ACM archive, Volume 21, Issue 2, pp. 120-126, 1978
2. D. Boneh et al., *Generating RSA Keys on a Handheld Using an Untrusted Server.* RSA 2000
3. Yu Lei, Deren Chen, Zhongding Jiang, *Generating digital signatures on mobile devices.* 18th International Conference on Advanced Information Networking and Applications, AINA 2004. Volume 2, 29-31, pp. 532-535, 2004
4. V. S. Miller, *Use of Elliptic Curves in Cryptography.* Advances in Cryptology - CRYPTO, LNCS, Volume 218, pp. 417-426, 1985
5. N. Koblitz, *Elliptic Curve Cryptosystems.* Mathematics of Computation, Volume 48, pp. 203-209, 1987
6. Arjen K. Lenstra and Eric R. Verheul, *The XTR Public Key System.* Lecture Notes in Computer Science, Volume 1880, 2000
7. H. Harney and C. Muckenhirn, *RFC 2093: Group Key Manag. Protocol (GKMP) Specification.* Network Working Group, 1997
8. M. Steiner et al., *Diffie-Hellman Key Distribution Extended to Group Communication.* Proceedings of the 3rd ACM conference on Computer and communications security, pp. 31 - 37, 1996
9. M. Burmester and Y. Desmedt, *A Secure and Efficient Conference Key Distribution System.* In Proceedings of Eurocrypt 1994, pp. 275-286, 1994
10. M. Just and S. Vaudenay, *Authenticated Multi-Party Key Agreement.* Proceedings of the Int. Conference on the Theory and Applications of Cryptology and Inf. Security: Advances in Cryptology, pp. 36 - 49, 1996
11. E. Bresson et al., *Mutual Authentication and Group Key Agreement for Low-Power Mobile Devices.* 5th IEEE MWCN, 2003
12. Y. Kim et al., *Simple and Fault-Tolerant Key Agreement for Dynamic Collaborative Groups.* Proceedings of the 7th ACM conference on Computer and communications security, pp. 235 - 244, 2000
13. M.A. Strangio, *Efficient Diffie-Hellmann two-party key agreement protocols based on elliptic curves.* SAC '05, pp. 324-331, 2005
14. C. Popescu, *A Secure Key Agreement Protocol Using Elliptic Curves.* International Journal of Computers and Applications, Volume 27, 2005

„Mixed Reality" –
kann der Computer zum echten Helfer werden ?

P.F. Elzer, H. Chen, V. Nikolic

Institut für Prozess- und Produktionsleittechnik (IPP), Technische Universität Clausthal (TUC), Julius-Albert-Str. 6, 38678 Clausthal-Zellerfeld, Deutschland

`elzer@ipp.tu-clausthal.de`

R. Behnke

ABB AG, Forschungszentrum Deutschland, Automation Engineering
Wallstadter Straße 59, 68526 Ladenburg, Deutschland

`ralf.behnke@de.abb.com`

Zusammenfassung. In diesem Beitrag werden einige Arbeiten des IPP auf dem Gebiet der "Mixed Reality" (MR) vorgestellt, die zum Ziel haben, die entsprechenden Techniken einfacher, billiger und damit alltagstauglicher zu machen. Es handelt sich um verbesserte Verfahren zur Positionserkennung und den Ersatz des HMD bei Augmentierter Realität (AR), den Ersatz der Stereobrille durch Nutzung der Bewegungsparallaxe und ein neues Verfahren zum Ersatz eines fernsteuerbare Kamerakrans durch eine virtuelle Kamera, die den Bewegungen des Betrachters folgt. Im letzten Abschnitt werden einige Einsatzmöglichkeiten bei Aufgaben des "allgemeinen Lebens" diskutiert.

1 Einleitung

Vieles von dem, was heute üblicherweise als "Verbesserung der Lebensqualität durch Computer im Alltag" verkauft wird, läuft eigentlich nur darauf hinaus, Dinge auf kompliziertere Weise als vorher zu tun. Ein Beispiel ist etwa die Verwaltung einer Sammlung von Dias oder Schallplatten mit Hilfe eines Rechners. Dagegen werden andere Ansätze, wie etwa eine wirklich intelligente Steuerung von automatischen Türen im öffentlichen Bereich - so dass sie z.B. keine Unfallgefahr für Gehbehinderte mehr bilden - gar nicht erst versucht. Ein anderes - wesentlich ernsthafteres - Beispiel ist, dass Autos inzwischen zu mobilen Medienzentren und Fernmeldezentralen "aufgerüstet" werden, anstatt endlich Bedienelemente zu erhalten, die von "normalen" und "körperbehinderten" Menschen gleichermaßen leicht und sicher - d.h. diskriminierungsfrei - benutzt werden können.

Es gibt jedoch einige technische Ansätze, aus denen sich vielleicht echte Bereicherungen entwickeln könnten. Dazu gehören "Virtuelle Realität" ("VR") und "Augmentierte Realität" ("AR"). Sie können in verschiedenen Mischformen auftreten, weshalb sich seit einiger Zeit auch der Begriff "Mixed Reality" ("MR") dafür eingebürgert hat.

Entstanden sind sie, wie viele neuere Techniken, im Umfeld von Luft- und Raumfahrt oder in der Großforschung und leisten dort schon seit Jahrzehnten recht gute Dienste. Als Beispiele seien genannt: die Orientierungshilfen für Piloten durch Projektion von Zusatzinformationen auf das Helmvisier bzw. die Frontscheibe des Cockpits (AR) oder die Beurteilung und "Konstruktion" komplexer organischer Moleküle mit Hilfe rechnergenerierter (zum Teil sogar interaktiver) räumlicher Darstellungen (VR).

Um solche Techniken alltagstauglich zu machen, müssen sie aber wesentlich billiger und vor allem einfacher und zuverlässiger werden. Das betrifft insbesondere die dafür notwendige Gerätetechnik. Als vielversprechende Beispiele seien die "Head up Displays" ("HMD´s") oder die Nachtsichtgeräte in manchen Autos eines deutschen (und inzwischen auch eines französischen) Herstellers genannt. Entsprechende Forschungen könnten also sehr nützlich sein.

Da aber von den üblicherweise damit betrauten reichen Forschungsinstitutionen nicht erwartet werden kann, dass sie preiswerte und einfache Ergebnisse hervorbringen, wurde am IPP seit etwa 10 Jahren mit beschränkten Mitteln versucht, auf der Basis der genannten Konzepte vereinfachte Anwendungen zu entwickeln. Dies geschah hauptsächlich im Rahmen des "Clausthaler Virtuellen Labors" [1].

2 Grundlagen

Der Begriff "Mixed Reality" (=Gemischte Realität) ist derzeit noch weniger weit verbreitet als z.B. "VR" oder "AR", existiert aber auch schon seit über einem Jahrzehnt. Eine schöne Erläuterung findet sich z.B. bei Milgram [2], der auch das in Abbildung 1 dargestellte "Realitäts-Virtualitäts-Kontinuum" vorgeschlagen hat. Es illustriert die Abgrenzung zwischen den genannten Gebieten sehr anschaulich.

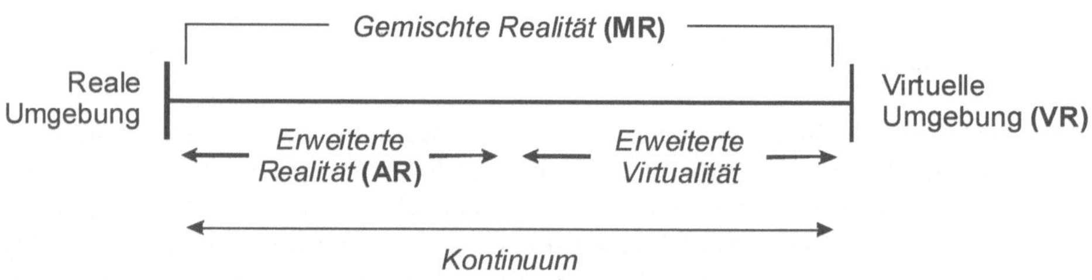

Abb. 1. Realitäts-Virtualitäts-Kontinuum nach Milgram [2]

Im Unterschied zur VR, die zum Ziel hat, den Benutzer so weit wie möglich in die rechnergenerierte Umgebung einzubeziehen und ihn dort wirken zu lassen, wirkt der Benutzer bei der AR komplett in der realen Welt.

Je mehr virtuelle Informationen eine Anwendung dem Benutzer zur Verfügung stellt, desto weiter rechts lässt sie sich auf dem Kontinuum einordnen. AR-Anwendungen haben demnach einen starken Bezug zur Realität, die durch virtuelle

Informationen bis zu einem gewissen Grad ergänzt wird.

Es ist aber auch möglich und sinnvoll, die virtuelle Umgebung durch Objekte, die aus der Realität übernommen werden, anzureichern. Als Beispiel sei die Anwendung in der Architektur genannt, bei der Fotografien realer Möbel in den virtuellen Entwurf einer Wohnung eingeblendet werden.

Üblicherweise herrscht aber heute noch allgemein die Vorstellung, dass man für die Darstellung von VR oder AR spezielle Brillen benötigt, um einen "richtigen" Immersionseindruck zu bekommen. Das ist aber nicht der Fall. Projektionsflächen, die den üblichen Blickwinkel des Betrachters (180 Grad) überschreiten, sind bei richtiger Gestaltung genau so wirksam. In vielen Fällen genügt aber auch ein Bildschirm. Es ist dabei lediglich notwendig, die Darstellungen nach den Erkenntnissen von Gibson [3] hinsichtlich eines als natürlich empfundenen räumlichen Eindrucks zu gestalten. Auch "Stereobrillen" sind für einen räumlichen Eindruck nicht notwendig. Die Nutzung der "Bewegungsparallaxe" [4] erlaubt teilweise sogar eine bessere Ortung in dreidimensionalen Räumen.

3 Bisherige Ergebnisse

3.1 CAR kann einfacher werden

Schon vor einer Reihe von Jahren wurde vom IPP aus ein fernbedienbarer Roboter in Australien mit Hilfe einer VR-Technik nur mit Hilfe einer Maus und eines einfachen Bildschirmes ohne aufwendige 3-D Ausrüstung ferngesteuert [5]. Es folgten Experimente mit verschiedenen Ausführungsformen von CAR-Brillen, die das IPP als erste deutsche Forschungsstelle schon 1998 auf der Hannover-Messe demonstrierte. Eine erste Überblicksdarstellung erfolgte auch im Rahmen dieser Tagungsreihe [6]. Bei diesen Experimenten stellten sich aber zwei wesentliche Schwachpunkte der üblichen Ansätze heraus:

1)   die technische Anfälligkeit und die hohen Kosten der bisherigen Positionserfassungssysteme und
2)   die ergonomischen und Akzeptanzprobleme der bisher auf dem Markt erhältlichen VR-Brillen.

Diese Probleme konnten (z.T. in Zusammenarbeit mit Industriefirmen) weitgehend gelöst werden. So wurde die Erkennung der Position und der Blickrichtung des Betrachters ersetzt durch die Erkennung des Bildes des betrachteten Gegenstandes. Dazu erwies sich z.B. ein Ansatz auf der Basis neuronaler Netze als sehr Erfolg versprechend.

Im Rahmen einer Dissertation [7] wurde das Gebiet systematisch durchgearbeitet. Zunächst wurden eine Reihe von Kriterien bezüglich der Alltagstauglichkeit der wesentlichen verfügbaren Positionserkennungssysteme aufgestellt und die gebräuchlichen Positionserkennungstechniken danach bewertet (Tabelle 1). Es zeigte sich, dass keines der verfügbaren Systeme alle Kriterien erfüllte. Also musste eine Hybridlösung entwickelt werden. Dabei stellte sich die Kombination aus bilderkennungs- und trägheitsbasierter Technik als besonders Erfolg versprechend heraus.

Daraus ergab sich eine Konfiguration für eine "optimale CAR-Brille" (Abb. 2), die alle Kriterien erfüllen würde und auch schon technisch machbar ist. Eine Abschätzung in Hinsicht auf ihr Gewicht ergab aber, dass eine Realisierung nach heutigem Stand der Technik für die meisten Benutzer noch zu schwer wäre und deshalb abgelehnt werden würde.

Tabelle 1. Eigenschaften verschiedener Tracking-Verfahren nach Behnke [7] (✓ = Eigenschaft vorhanden, - = Eigenschaft nicht vorhanden; autonome Verfahren sind grau hinterlegt)

	elektro-magnetisch	ultraschall basiert	GPS	mechanisch	trägheitsbasiert	bilderkennungsbasiert	markerbasiert
kein Positionssensor nötig	-	-	-	-	-	✓	✓
autonom	-	-	✓	✓	✓	✓	✓
keine "line of sight Problematik"	✓	-	-	✓	✓	-	-
hohe Reichweite	✓	-	✓	-	✓	✓	✓
niedriger Preis	-	✓	-	-	✓	✓	✓
hohe Genauigkeit	✓	✓	-	✓	✓	✓	✓
keine Interferenzprobleme	-	-	✓	✓	✓	✓	✓
unempfindlich gegen Umgbungsgeräusche	✓	-	✓	✓	✓	✓	✓
unempfindlich bezüglich Drift	✓	✓	✓	✓	-	✓	✓
kein mechanischer Verschleiss	✓	✓	✓	-	✓	✓	✓
kleine Bauweise	-	✓	✓	-	✓	✓	-
störungsfrei für Umgebung	-	-	✓	✓	✓	✓	✓
unempfindlich gegen Umgebungslicht	✓	✓	✓	✓	✓	-	-
keine Pflege des Objekts nötig	✓	✓	✓	✓	✓	✓	-

Im Rahmen einer weiteren Dissertation [8] wurde deshalb eine konzeptuell wesentlich einfachere Lösung für die Anwendung der CAR-Technik in der Instandhaltung [9] gesucht und gefunden. Anstatt eines ergonomisch noch fragwürdigen HMD benötigt das hierbei entwickelte CAR-System nur einen einfachen Bildschirm, der z.B. Bestandteil eines Notebooks sein kann (Abb. 3). Damit wurde das Anzeigegerät in die unmittelbaren Nähe des Benutzers verlagert, ohne an ihm befestigt zu sein. Eine weitere Komponente des Systems ist eine steuerbare Kamera, die an einem vorgeplanten Punkt im Raum befestigt wird. Dadurch werden die personenbezogene Positionserkennung und die mit ihr verbundenen technischen und ergonomischen Probleme umgangen. Mit der Kamera wird die Realität aufgenommen und auf dem Monitor präsentiert. Zusätzlich erscheinen auf dem Video-Bild virtuelle Objekte, die den realen Objekten räumlich zugeordnet sind und diese erläutern (Abb. 4). Die Steuerung des Systems durch die Benutzer erfolgt über Spracheingabe.

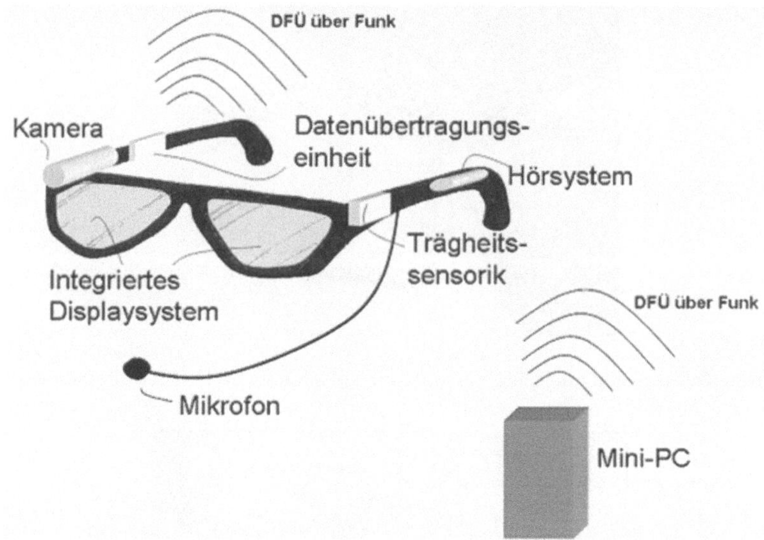

Abb. 2. Skizze einer zukünftig denkbaren Brille für CAR-Aufgaben (nach [7])

In systematischen Benutzerexperimenten erwies sich diese Lösung als benutzergerecht und praxistauglich. Es konnte auch nachgewiesen werden, dass die Unterstützung, die das System als Informationsquelle bei einem breiten Spektrum von Instandhaltungsaufgaben bietet, im Vergleich mit herkömmlichen Papierunterlagen zu erheblichen Zeitersparnissen und einer niedrigeren Fehlerrate führt.

Bei der Entwicklung des Systems entstand noch ein nützliches Nebenprodukt: das Live-Video-Bild der Kamera lässt sich in einer Reihe von Fällen durch digitale Fotos der Umgebung ersetzen. Die vorbereiteten Augmentierungen erläutern dann diese Fotos. Bestimmte Benutzergruppen, z.B. Experten in der Instandhaltung, könnten dieses Nebenprodukt bevorzugen. Für seine Benutzung ist die benötigte Hardware noch einfacher als in der CAR-Variante, da keine Kamera benötigt wird und sie durch die Spracheingabe die Hände frei behalten.

In der Praxis könnte bei dieser Form der Benutzerunterstützung natürlich ein altbekanntes Problem wieder auftreten: da regelmäßige Updates von umgebungstreuen Fotos aufwendig sind, werden sie vermieden, und die "rechnergestützte" Anleitung veraltet dann genau so schnell wie ein herkömmliches Anleitungsbuch.

Abb.3. Benutzerunterstützung durch eine raumfeste Kamera und CAR auf einem Bildschirm

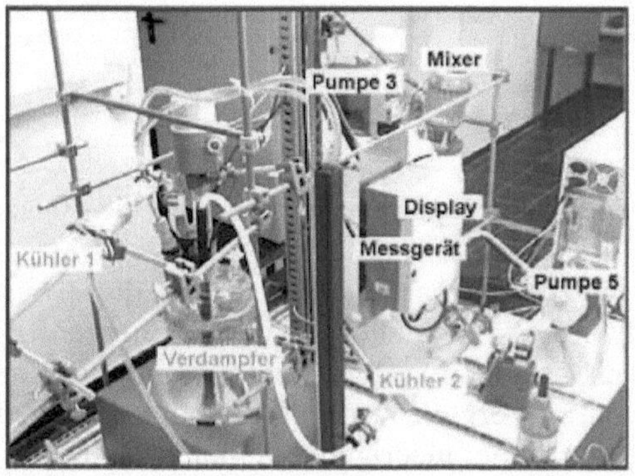

Abb. 4. CAR-Hinweise auf einem Bildschirm

3.2 Weg von der Stereobrille

Zusammen mit einem anderen am IPP prototypisch erprobten Prinzip - dem räumlichen Sehen durch Bewegungsparallaxe - ergeben sich auch Möglichkeiten für eine preiswerte Realisierung von Telepräsenz. Wie schon erwähnt, ist beidäugiges Sehen keine notwendige Voraussetzung für einen räumlichen Eindruck. Die gegenseitige seitliche Verschiebung von Objekten, an denen sich der Betrachter vorbeibewegt, ergibt die gleiche Wirkung. Abgesehen von einer gerätetechnischen Vereinfachung und Kostenersparnis sind damit vor allem Menschen, die nur ein funktionsfähiges Auge haben, nicht mehr von entsprechenden Arbeitsplätzen oder Medienangeboten ausgeschlossen. Dieses Prinzip wurde am IPP intensiv erprobt. Neben seiner Anwendung im begehbaren virtuellen Environment des IPP entstand im Rahmen studentischer Arbeiten auch eine einfache und preiswerte Anwendung: die Kopfbewegungen eines vor einem Bildschirm sitzenden Menschen werden auf eine fernsteuerbare Kamera übertragen, deren Bild auf dem Bildschirm erscheint (Abb. 5).

Damit ist es dann möglich, Objekte, die man virtuell entwirft, sofort räumlich zu betrachten oder sich in einem weit entfernten Raum (tele-)präsent zu fühlen, ohne einen lästigen HMD tragen zu müssen [10].

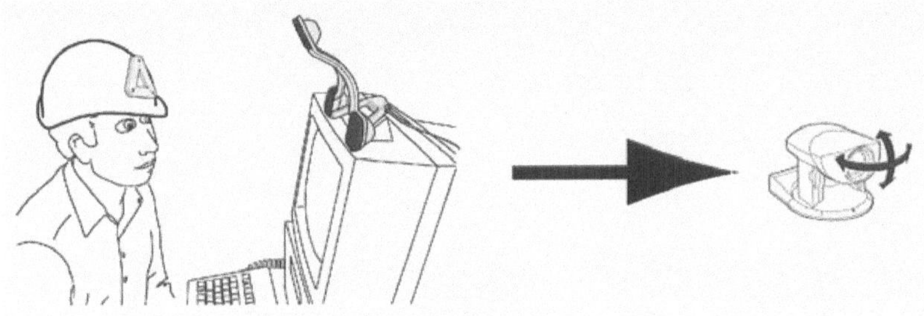

Abb. 5. Durch Kopfbewegungen ferngesteuerte Kamera

3.3 Ein völlig neues Verfahren

Dabei handelt es sich um die Darstellung bewegter realer Objekte in virtuellen Räumen in Echtzeit. Ein Betrachter kann sich in diesen virtuellen Räumen frei bewegen. Es wird ein seiner Betrachtungsperspektive entsprechendes Bild des Objekts ermittelt und übertragen. Diese Objekte können auch weit vom Darstellungsort entfernt sein. Ihre Darstellung wird dann z.B. per Internet übertragen. Diese ebenfalls im Rahmen einer Dissertation [11, 12] entwickelte Technik weist gegenüber dem bisherigen Stand der Technik folgende entscheidenden Fortschritte auf:

1) Anders als bei der schon lange benutzten "blue-screen" Technik ist es nicht mehr nötig, das Objekt vor einem einheitlich gefärbten künstlichen Hintergrund freizustellen. Es kann sich vor einem beliebig strukturierten natürlichen Hintergrund befinden.
2) Es ist keine teure mechanische Ausrüstung erforderlich, wie z.B. ein Kamerakran. Das Objekt wird mit einer Anzahl preiswerter digitaler Videokameras umgeben und die Bewegung des Betrachters wird durch Interpolation zwischen den Bildern simuliert.

Das Prinzip des Verfahrens besteht darin, dass aus dem von jeweils zwei realen Kameras gesehenen Bild eines Objekts mit Hilfe eines neu entwickelten Algorithmus ein Bild in Echtzeit interpoliert wird (Abb. 6). Dieses wird dann (z.B. über das Internet) an den Ort übertragen, an dem die virtuelle Umgebung betrachtet wird, und in die Darstellung eingeblendet. Position und Blickrichtung der virtuellen Kamera entsprechen Position und Blickrichtung des Betrachters in der virtuellen Umgebung, die durch einen Positionssensor erfasst und zum Ort der Kameras übertragen werden.

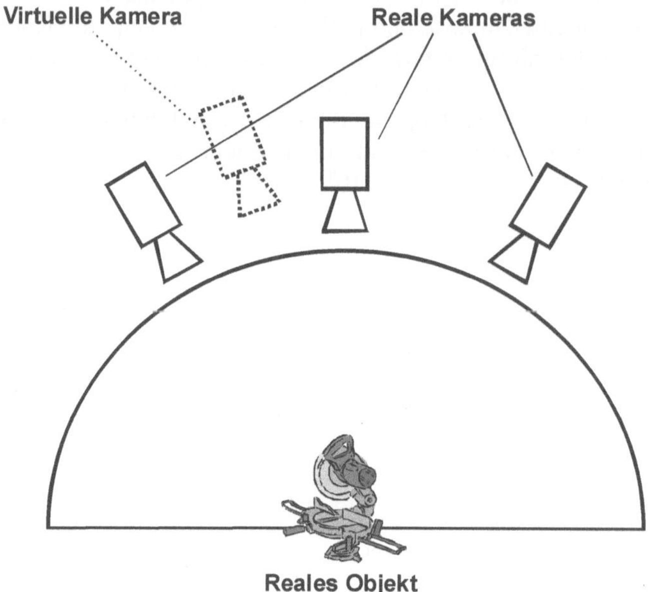

Abb. 6. Das Prinzip der virtuellen Kamera

Im Rahmen der Dissertation wurde die Technik in zwei verschiedenen Formen erprobt:

1) Im Laborformat wurde die virtuelle Umgebung auf einem Bildschirm dargestellt und die Bewegung des Betrachters durch Eingabe mit einer Maus simuliert.
2) In realistischer Form wurde das Abbild des bewegten Objekts in die Umgebungsprojektion des "Clausthaler virtuellen Labors" per Internet übertragen. Die Bewegungen des Betrachters wurden mit Hilfe eines Bewegungssensors erfasst und an den Interpolationsrechner übertragen.

Abbildung 7 gibt einen schematischen Überblick über Vorgehensweise und Versuchsaufbauten.

In Verbindung mit der im vorigen Abschnitt dargestellten Kopfsteuerung einer Kamera ergibt sich eine weitere Vereinfachung und Verbilligung. Man könnte nämlich statt der dort benutzten (noch relativ teuren) hochwertigen fernsteuerbaren Kamera einen Array kleiner und billiger Kameras verwenden, um einen völlig räumlichen Eindruck von einer weit entfernten Umgebung zu gewinnen.

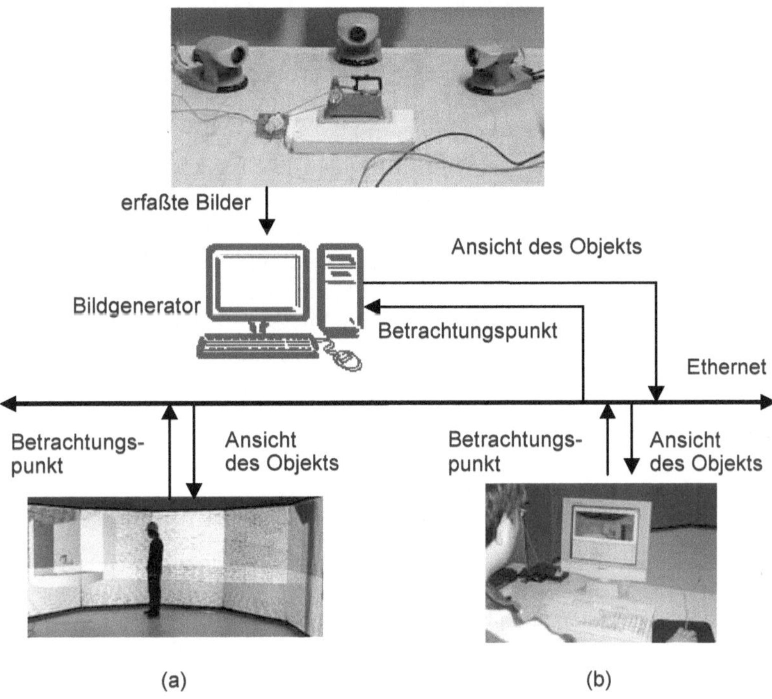

Abb.7. Überblick über Bilderfassung, Übertragung und Darstellung
(a: im virtuellen Labor, b: am Arbeitsplatz)

4 Mögliche Anwendungen im Alltag

Bei entsprechenden Überlegungen müßte man einfach von der Erfahrungstatsache ausgehen, dass Hardwarekomponenten schneller billiger und leistungsfähiger werden als man glaubt - wenn sie für das Massengeschäft brauchbar sind. In den beschriebenen Fällen könnten das z.B. Kameras, Ultraschallsensoren oder Spezialprozessoren für ausgewählte Algorithmen sein. Datenübertragung zwischen Sensoren oder Displays und Rechnern wird auch grundsätzlich drahtlos erfolgen. Billige Fernsehbrillen aus dem Versandhandel werden auch bald eine bessere Auflösung bekommen.

Dann könnte man sich etwa eine Tafel voller miniaturisierter Kameras vorstellen, die man in die zu betrachtende Umgebung stellt, sich vor einen Projektionsbildschirm setzt oder stellt, einen winzigen Ultraschallpositionserfasser an die eigene Brille klemmt und dann einen völlig zufriedenstellenden räumlichen Eindruck von der betrachteten Szene erhält, wenn man sich bewegt. Etwas ähnliches hat der erste Autor z.B. schon 1998 für die Präsentation unzugänglicher Bereiche im Rammelsberger Bergbaumuseum in Goslar für die "EXPO 2000" vorgeschlagen. Diese Anordnung erlaubt aber auch wirklich befriedigende virtuelle Museumsbesuche oder eröffnet ganz neue kreative künstlerische Perspektiven.

Man kann die Technik natürlich auch zum Einkaufen verwenden. Man kann etwa das gesehene reale Objekt, z.B. ein Möbelstück, in das beim Architekten nur im CAD-System vorhandene Haus einblenden - oder in das durch einen HMD gesehene Bild der neuen Wohnung.

Bei einer Autoreparatur befestigt man einen kleinen robusten Display mit integriertem Mikrofon sowie eine Kamera mit Hilfe von Magneten unter der aufgeklappten Motorhaube. Sie kommunizieren jeweils drahtlos mit dem danebenstehenden Rechner und leiten die Benutzer durch die Diagnose oder Reparatur. Das kann man sich natürlich auch gut auf dem Arbeitstisch bei komplizierten Basteleien vorstellen, vom Zusammenbau halbfertiger Möbel ganz abgesehen.

Sogar in der Medizin könnte man "minimalinvasive" Operationen deutlich sicherer machen, wenn man mehrere winzige Kameras im Körper benutzt und dadurch dem Chirurgen einen - durch seine Bewegungen bei der Arbeit entstehenden - räumlichen Eindruck vermittelt.

5 Literatur

1. Elzer, P., Sauermann, K.-H.: Das Clausthaler Labor für "Plant Design and Virtual Manufacturing"; in: Holleczek, P., Vogel-Heuser, B. (Hrsg.): PEARL 2001 - Echtzeitkommunikation und Ethernet/Internet, Springer Verlag, 2001, S. 11-18
2. Milgram, P., Kishino, F.: A Taxonomy of mixed reality visual displays; IEICE Transactions on Information Systems, Vol. E77-D (12), 1994
3. Gibson, J.J.: Wahrnehmung und Umwelt. Der ökologische Ansatz in der visuellen Wahrnehmung; Urban & Schwarzenberg, München, 1982
4. Smets, G.J.F.: Designing for telepresence: The interdependencies of movement and visual perception implemented; IFAC Man-Machine Symposium, 1992
5. Friz, H., Behnke, R., Elzer, P., Dalton, B., Taylor, K.: Fernsteuerung eines Handhabungsautomaten über Internet; in: Holleczek, P. (Hrsg.): PEARL 98 - Echtzeitsysteme im Netz, Springer Verlag, 1998, S. 32 - 41
6. Elzer, P., Behnke, R. Beuthel, C., Boussoffara, B.: Multi-Media und VR-Techniken für Wartung und Training an technischen Systemen; in: Holleczek, P. (Hrsg.) PEARL 1999 - Multimedia und Automatisierung, Springer Verlag, 1999, S. 21-28
7. Behnke, R.: Verbesserung der Positionserkennung bei CAR-Systemen durch Kopplung von bild- und trägheitsbasierten Verfahren; Dissertation 2004, ISBN 3-89720-752-4, Clausthal-Zellerfeld, 2005
8. Nikolic, V.: Einsatz der CAR in der Instandhaltung: eine alternative gebrauchstaugliche und kostengünstige Systemlösung; Dissertation 2005, Clausthal-Zellerfeld, im Druck
9. Nikolic, V., Elzer, P., Vetter, C.: A Monitor Based AR System as a Support Tool for Industrial Maintenance; 4th IFAC-Symposium on Mechatronic Systems, Wiesloch/Heidelberg, 12.-14. September 2006
10. Waßhausen, D., Elzer, P., Nikolic, V.: Unterstützung räumlicher Wahrnehmung und Telepräsenz bei Anlagenbeobachtung, Fernwartung und Training; VDI/VDE Fachtagung U-SEWARE 2006, Düsseldorf, 10.-11. Oktober 2006
11. Chen, H.: Real-time video object extraction for Mixed Reality applications; Dissertation 2005, ISBN 3-89720-844-x, Clausthal-Zellerfeld, 2006
12. Chen, H., Elzer, P.: Integrating Real-time Captured Objects into Mixed Reality; 2006 International Conference on CYBERWORLDS, 28.-30. November 2006, Lausanne, Schweiz

Ein ausfallsicheres Kommunikationssystem für Schiffsbesatzungen auf Basis von VoIP

Jörg Rödel und Robert Baumgartl

Juniorprofessur Echtzeitsysteme
Fakultät für Informatik
TU Chemnitz
D-09107 Chemnitz

{joerg.roedel, robert.baumgartl}@informatik.tu-chemnitz.de

Zusammenfassung. Das Papier stellt ein auf VoIP basierendes Konferenzsystem für die Kommunikation von Schiffsbesatzungen vor. Die einzelnen Sprechstellen werden durch standardisierte eingebettete Systeme realisiert. Das entworfene System bietet einen optimalen Kompromiss aus Fehlertoleranz, Skalierbarkeit und Kosteneffizienz. Wesentliche Parameter wie die maximale Teilnehmerzahl sowie die erreichbare Signalgüte werden für mehrere Hardwareplattformen ermittelt und verglichen. Die Leistung limitierende Faktoren werden identifiziert und für zukünftige Entwicklungen bewertet.

1 Einführung

Sowohl innerhalb von Unternehmensnetzwerken als auch weltweit über das Internet etabliert sich die so genannte Internet-Telefonie (Voice over IP, VoIP) als ernsthafte Konkurrenz zum Telefonat mittels dedizierter Telekommunikationsinfrastruktur (Public Switched Telephone Network PSTN). Wurden bislang streng getrennte Infrastrukturen für die Telefonie einerseits und die Datenkommunikation andererseits genutzt, bietet deren Vereinheitlichung wesentliche Vorteile hinsichtlich Effizienz, Flexibilität und Kostenreduktion.

Darüber hinaus bietet VoIP eine Fülle zusätzlicher Dienste, wie Instant Messaging, Videoübertragung etc., die es für innovativere Formen der Kommunikation prädestinieren. VoIP stellt jedoch verhältnismäßig stringente Echtzeit-Forderungen an die zugrundeliegende Netzinfrastruktur sowie die beteiligten Endgeräte, deren Garantie schwierig zu realisieren ist.

Auch auf großen Schiffen kamen bislang getrennte Kommunikationsinfrastrukturen zur mündlichen Kommunikation der Besatzung einerseits sowie zum Datenaustausch der auf dem Schiff befindlichen Rechner andererseits zum Einsatz. Ausgangspunkt des hier beschriebenen Projektes war die Frage, ob auch in diesem Kontext eine Vereinheitlichung der Dienste auf der Grundlage einer einzigen Netzwerkarchitektur möglich ist und welchen Randbedingungen eine solche Lösung unterliegt. Es sollte ein Kommunikationssystem für mehrere Teilnehmer auf der Basis von VoIP und Ethernet-Technik entworfen und prototypisch implementiert werden. Im Gegensatz zur konventionellen Telefonie ist für die Kommunikation auf Schiffen eine große Zahl von gleichzeitig zu bedienenden Sprechstellen (Clients) erforderlich, so dass ein Konferenzsystem mit mehreren gleichzeitig aktiven Teilnehmern realisiert werden muss. Da die Clients ohnehin eingebettete Rechensysteme sind und VoIP auch Protokolle zur Bildtelefonie einschließt, leitet sich die Frage ab, ob nicht nur eine Audio- sondern möglicherweise auch eine Videokonferenz realisierbar ist.

Die Endgeräte sowie das Gesamtsystem unterliegen besonderen Anforderungen hinsichtlich der Ausfallsicherheit sowie der Datenintegrität. So müssen beispielsweise Knoten bzw. Einheiten, deren Versagen zum Ausfall des Gesamtsystems führen (Single Point of Failures), unbedingt vermieden werden. Eine Verletzung der Vertraulichkeit durch das Abhören des physischen Datenstromes soll ebenfalls ausgeschlossen werden. Eine direkte Übertragung bereits existierender VoIP-Telefonie-Lösungen ist aus diesem Grunde nicht sinnvoll.

Als Hardwarebasis kommen eingebettete Systeme zum Einsatz, die weitaus kostengünstiger als Standard-PC-Systeme sind. Hinsichtlich der mechanischen Belastbarkeit unterliegen diese Systeme sehr harten Anforderungen. So sind keinerlei mechanisch rotierende Komponenten erlaubt; die resultierende passive Kühlung begrenzt jedoch die Verarbeitungsgeschwindigkeit der verwendeten Prozessoren. Daher sind präzise Abschätzungen der erzielbaren Dienstgüte sowie der maximal möglichen Teilnehmerzahl unter reproduzierbaren Bedingungen besonders wichtig. Darüberhinaus sollten die Leistungsfähigkeit limitierende Faktoren eindeutig identifiziert werden. Um Aussagen für zukünftige Gerätegenerationen treffen zu können, wurde ebenfalls Standard-PC-Hardware in die Tests einbezogen.

2   Entwurf des Systems

2.1   Basissystem der Sprechstellen

Die Hardware der einzelnen Systemknoten besteht aus eingebetteten Systemen des Herstellers Axiomtek vom Typ STX-88602. Der x86-kompatible Prozessor vom Typ VIA Eden (Samuel 2) muss aus Gründen der Ausfallsicherheit passiv gekühlt sein und wird mit 400 MHz getaktet. Es steht ein Hauptspeicher von 128 MB sowie ein Flash-basierter Massenspeicher von 64 MB zur Verfügung. Als Ein- und Ausgabemedium fungiert ein Touchscreen. Als Netzwerktechnologie kommt Ethernet mit einer Geschwindigkeit von 100 MBit/s zum Einsatz.

Die freie Verfügbarkeit entsprechender Bibliotheken und Applikationen einerseits sowie die Ressourcenausstattung der Knoten andererseits legen die Nutzung von Linux als Betriebssystembasis nahe. Es wurden die Kernversionen 2.4.25 für das Embedded System sowie 2.6.15 für die PC-Plattformen eingesetzt. Da keine Trennung von zeitkritischen und -unkritischen Applikationen notwendig ist, sowie aus Aufwandsgründen, wurde auf die Nutzung von Echtzeiterweiterungen wie RTAI verzichtet. Die gesamte zur Verfügung stehende Rechenleistung kann dem Konferenzsystem gewidmet werden.

2.2 Netztopologie

Ethernet-Switches werden physisch meist zu baumartigen Strukturen verbunden. Diese Lösung benötigt ein Minimum an Verkabelungsaufwand, ist jedoch nicht fehlertolerant: ein Ausfall des Switches, der die Wurzel konstituiert, partitioniert das Netz.

Um den Ausfall einzelner Knoten zu tolerieren, muss das physische Netz redundante Verbindungen enthalten, die jedoch erst bei Bedarf aktiviert werden. Das darauf aufsetzende logische Netz erfordert selbstverständlich wieder eine Baumstruktur, da Schleifen auf dieser Ebene die Gefahr der unendlichen Paketweiterleitung bergen. Zum Aufbau des Baumes können das Spanning Tree Protocol (STP) sowie das Rapid Spanning Tree Protocol (RSTP) eingesetzt werden [1].

Da STP bei Ausfall eines Switches das gesamte Netz rekonfiguriert, während RSTP nur die vom Ausfall betroffenen Pfade neu konfiguriert, wird der Einsatz von RSTP vorgeschlagen.

Als Kompromiss zwischen Verkabelungsaufwand, Skalierbarkeit und Ausfallsicherheit wird eine Gitterstruktur genutzt (Abb. 1). Jeder Switch ist physisch mit 4 benachbarten Switches verbunden. Damit bleibt die Kommunikationsinfrastruktur trotz des Ausfalls mehrerer Knoten betriebsfähig. Es müssen mindestens 4 Switches ausfallen, bis das Gesamtsystem funktionsunfähig wird. Der Verkabelungsaufwand ist vertretbar, das System kann problemlos um neue Switches erweitert werden.

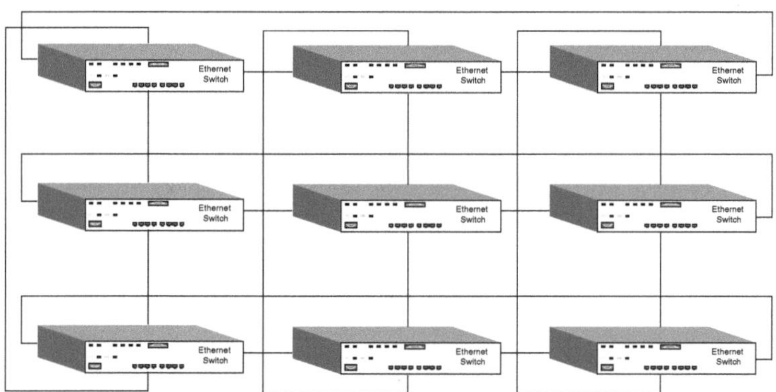

Abb. 1. Eingesetzte Netztopologie

2.3 Konferenzmodell

Die Funktionalität der Konferenzkommunikation ist ein weiterer wesentlicher Entwurfsaspekt. Hierbei sind zwei Teilaspekte zu unterscheiden. Zum einen müssen der Audio- und der Video-Ausgangsstrom jedes einzelnen Teilnehmers allen anderen Teilnehmern übermittelt werden. Zum anderen ist es erforderlich, die bei jedem Teilnehmer eintreffenden Audioinformationen einander zu überlagern (zu mischen). Videoinformationen werden nicht gemischt.

Die einfachste Realisierungsmöglichkeit besteht in der Nutzung von IP-Multicast. Pro Konferenz wird eine Multicast-Adresse generiert und an alle Teilnehmer übermittelt. Sendeoperationen erfolgen stets an diese Adresse, womit eine automatische Verteilung an alle Empfänger garantiert ist. Das Mischen der Audioinformationen erfolgt also dezentral, individuell an jedem Client, damit skaliert dieses Konzept sehr gut mit der Teilnehmerzahl. Hauptnachteil des Ansatzes ist die Tatsache, dass die gesamte Netzinfrastruktur, besonders die Router, Multicast-Adressierung unterstützen muss. Dies ist im Kontext großer Schiffe nicht gegeben, daher wurde der Ansatz nicht weiter verfolgt.

Ein Ausweg könnte die Verwirklichung eines Peer-to-Peer-Ansatzes darstellen: jeder Teilnehmer besitzt eine Verbindung zu jedem anderen Teilnehmer. Wiederum erfolgt das Mischen der Eingangsströme individuell an jedem Client. Nachteilig ist jedoch der immense Bandbreitenbedarf dieses Verfahrens. Für n Teilnehmer existieren $n(n-1)/2$ Paare. Da jedes Paar jeweils eine Verbindung für Hin- und Rückrichtung benötigt, summiert sich die Gesamtzahl Verbindungen auf $n(n-1)$, was eine immense Bandbreite erfordert. Darüber hinaus besitzt diese Lösung einige pragmatische Nachteile, wenn Firewalls sowie Network Address Translation (NAT) genutzt werden. Auch dieser Ansatz wurde letztendlich verworfen.

Eine dritte Realisierungalternative ist die Nutzung einer zentralen Instanz im Netz (Media Proxy), die die Ströme aller Teilnehmer entgegennimmt, für jeden Empfänger spezifisch mischt und an diesen versendet. Diese Lösung benötigt weit weniger Bandbreite als ein Peer-to-Peer-Ansatz (n Teilnehmer erfordern $2n$ Verbindungen). Sie ist universell und vom Standpunkt der Interoperabilität ideal. Aus diesem Grunde wurde genau dieser Ansatz im entwickelten System verfolgt. Zwei Aspekte sind jedoch nachteilig. Zum einen reduziert eine zentrale Instanz die Fehlertoleranz. Daher wurde der Media Proxy in die Software der einzelnen Clients verlagert, so dass potentiell jeder Client die Aufgabe des Proxy übernehmen kann. Der zweite Nachteil ist die Beschränkung der maximalen Teilnehmeranzahl durch die Rechenleistung des mischenden Clients. Genauere Aussagen dazu werden im Abschnitt 3.3 getroffen.

2.4 Realisierungsaspekte

Voice over IP kann auf der Grundlage verschiedener Protokoll-Familien implementiert werden, beispielsweise mittels Session Initiation Protocol (SIP)[2], H.323 [3], Skype [4], InterAsterisk Exchange (IAX) sowie Skinny Client Control Protocol (SCCP). Das proprietäre Skype kommt als Basis infolge fehlender Dokumentation nicht in Frage. Von den verbleibenden Alternativen besitzen SIP und H.323 die weitaus größte Verbreitung. Da SIP einen einfachen und modularen Aufbau besitzt und durch eine Fülle von Bibliotheken und Applikationen unterstützt wird, wurde es zur Realisierung ausgewählt.

Da wie in den Abschnitten 3.3und 3.4 illustriert die Verarbeitungsleistung
der beteiligten Knoten die Leistungsfähigkeit des Gesamtsystems determiniert,
wurden Codecs mit geringen Ressourcenforderungen für die Verarbeitung ausgewählt. Für die Kodierung der Audioinformationen kommt der Codec G.711
zum Einsatz, die Videokodierung erfolgt mittels H.261. Es bleibt späteren Arbeiten vorbehalten, den Einfluss komplexerer Codecs auf benötigte Bandbreite
und Rechenleistung zu analysieren.

3 Leistungsbewertung

3.1 Testplattformen

Um aussagekräftige Leistungskennwerte zu erhalten und eine Bewertung der genutzten Experimentalplattform zu erhalten, wurde die entwickelte Clientappli-
kation für insgesamt drei verschiedene Hardware-Konfigurationen, deren wesentliche Parameter aus Tabelle 1 ersichtlich sind, übersetzt und vermessen.

Tabelle 1. Eingesetzte Experimentalplattformen

Prozessortyp	Plattform	f_c [MHz]	RAM	L1 [KB]	L2 [KB]
VIA Eden Samuel 2	Embedded	400	128 MB	64+64	64
Pentium M 735 „Dothan"	Mobile	1500	512 MB	32+32	2048
AMD Athlon „Thunderbird"	Desktop	1400	128 MB	64+64	256

Dabei entspricht die *Embedded* genannte Plattform der eigentlichen Zielhard-
ware, während die beiden anderen Systeme typische PC-Standardhardware zwei-
er verschiedener Leistungsklassen repräsentieren.

3.2 Bewertung der Signalgüte

Da bei IP-basierten Netzen keine Garantie der Übertragung aller Pakete möglich
ist, sollte zunächst untersucht werden, ob und in welchem Maße Paketverluste
bei der Übertragung toleriert werden können. Zu diesem Zweck wurden Au-
dioströme Paketverlusten unterschiedlicher Wahrscheinlichkeit unterworfen und
die resultierenden Ströme subjektiv und objektiv bewertet.

Im Kontext des beschriebenen Projektes steht die Verständlichkeit der Sprache im Vordergrund. Um zunächst eine Aussage auf der Basis menschlicher
Hörgewohnheiten zu erhalten, bewertete eine Testperson die Qualität der gestörten Ströme mit Noten von 1 bis 5, deren Semantik aus Spalte 3 von Tabelle 2
ersichtlich ist.

Um zusätzlich eine objektive Metrik mit in den Test einzubeziehen, wurde
für die gestörten Ströme das maximale Signal-Rausch-Verhältnis (Peak Signal-
to-Noise Ratio, PSNR) ermittelt und ein arithmetisches Mittel über mehrere

Tabelle 2. Erzielte Qualität des Audiosignals in Abhängigkeit von der Paketverlustwahrscheinlichkeit

Verl.-Wkt.	PSNR [dB]	Subjektives Qualitätsurteil
0 %	63.43	1 – Beste Qualität
1 %	49.28	2 – hörbare Fehler, gute Qualität
2 %	44.60	2 – hörbare Fehler, gute Qualität
3 %	43.15	2 – hörbare Fehler, gute Qualität
4 %	41.06	2 – hörbare Fehler, gute Qualität
5 %	39.62	3 – signifikante Fehler, akzeptable Qualität
6 %	39.06	3 – signifikante Fehler, akzeptable Qualität
7 %	38.64	3 – signifikante Fehler, akzeptable Qualität
8 %	37.89	3 – signifikante Fehler, akzeptable Qualität
9 %	37.49	3 – signifikante Fehler, akzeptable Qualität
10 %	36.12	3 – signifikante Fehler, akzeptable Qualität
11 %	36.69	3 – signifikante Fehler, akzeptable Qualität
12 %	35.70	3 – signifikante Fehler, akzeptable Qualität
13 %	35.70	4 – noch verständliches Signal, schlechte Qualität
14 %	35.57	4 – noch verständliches Signal, schlechte Qualität
15 %	35.32	4 – noch verständliches Signal, schlechte Qualität

gestörte Varianten ein und desselben Ausgangstromes ermittelt. Tabelle 2 zeigt die Ergebnisse.

Es zeigt sich, dass selbst ein einzelnes verlorenes Paket eine hörbare Qualitätsverschlechterung nach sich zieht. Bis zu einer Verlustwahrscheinlichkeit von etwa fünf Prozent wird die Qualität des Audiostroms noch als gut eingeschätzt, die vertretbare Untergrenze für die Verständlichkeit liegt bei immerhin 12-13 Prozent, was einem durchschnittlichen Signal-Rausch-Verhältnis von 35.7 dB entspricht. Gleichzeitig ist erkennbar, dass das Signal-Rausch-Verhältnis keine günstige Metrik zur Beurteilung der Qualität der Verständlichkeit darstellt.

Trotz der eigentlich recht guten Verständlichkeit bei vergleichsweise hohem Paketverlust wurde für die nachfolgenden Tests eine maximale Verlustwahrscheinlichkeit von zwei Prozent festgelegt.

Die Qualität der Videodarstellung in Abhängigkeit von Kodierungsparametern wurde mit Hilfe des Structural Similarity Index (SSIM) [5] ebenfalls einer Beurteilung unterzogen, auf deren Diskussion aus Platzgründen jedoch verzichtet werden muss. Eine detaillierte Darstellung enthält [6].

3.3 Maximale Teilnehmerzahl

Eine wichtige Kenngröße der Leistungsfähigkeit des Systems stellt die maximale Anzahl Konferenzteilnehmer dar. Zunächst muss jedoch geprüft werden, ob bereits die Netzinfrastruktur diese Anzahl limitiert. Legt man eine Nutzdatengröße von 160 Samples pro Paket zugrunde, so resultiert eine Größe derzugehörigen Protocol Data Unit (PDU) von 224 Byte, die sich aus 160 Bytes Nutzdaten, 12 Byte RTP-Header, 8 Byte UDP-Header, 20 Byte IP-Header sowie 24 Byte

Verwaltungsinformationen für den Ethernet-Frame zusammensetzt. Ein einzelner Audiostrom mit 8000 Samples pro Sekunde, der mit dem einfachsten Codec G.711 kodiert wurde, benötigte somit eine Bandbreite von 11200 Bytes pro Sekunde. Jede Verbindung benötigt zwei Ströme, damit kann ein Ethernet mit einer maximalen Übertragungsrate von 100 MBit/s rein theoretisch 1116 Ströme und damit 558 Teilnehmer bedienen, Gigabit-Ethernet verzehnfacht den Wert. Diese Kennwerte sind im Vergleich zu den im folgenden diskutierten Beschränkungen der Sprechstellen-Hardware sehr groß und können daher für die weitere Betrachtung vernachlässigt werden.

Der Konferenzinitiator, der die Rolle des Media Proxy übernimmt, dekodiert die von den anderen Teilnehmern empfangenen Ströme, mischt seinen eigenen Eingangsstrom hinzu, encodiert das Resultat wiederum und schickt es an alle Teilnehmer. Diese Übertragung erfolgt mit einer Periode von 20 Millisekunden. Sobald die Verarbeitung länger als diese Periode dauert, geht das zugehörige Paket verloren und die Qualität des Audiosignals verschlechtert sich, wie in Abschnitt 3.2 beschrieben. Da jeder Teilnehmer einen Strom generiert, wird die maximale Teilnehmeranzahl also direkt durch die Verarbeitungsgeschwindigkeit der Hardware determiniert.

Tabelle 3. Verlorene Pakete in Abhängigkeit von der Teilnehmerzahl

Plattform: Embedded										
Teilnehmer	14	15	16	17	18	19	20	21	22	23	24
verloren	0	0	0	0	0	0	253	500	716	905	1070
Plattform: Mobile										
Teilnehmer	59	60	61	62	63	64	65	66	67	68	69
verloren	0	5	6	14	13	134	225	314	437	507	591
Plattform: Desktop										
Teilnehmer	50	51	52	53	54	55	56	57	58	59	60
verloren	0	0	0	116	274	344	439	522	635	689	736

In Abhängigkeit von der Anzahl bedienter Ströme wurde nun die Häufigkeit des Paketverlustes auf verschiedenen Systemen gemessen (Tabelle 3). Augenfällig ist der rapide Anstieg der verlorenen Pakete ab einer bestimmten Teilnehmeranzahl. Während das Embedded System bei 19 Strömen noch kein einziges Paket verlor, beträgt, gehen bei Hinzunahme eines einzigen weiteren Teilnehmers bereits 253 Pakete verloren, was einem Anteil von 8% entspricht. Das Vergleichsystem *Desktop* erreicht mehr als die doppelte Teilnehmeranzahl, springt jedoch ähnlich bei Erreichen der Maximalzahl auf etwa 5% Paketverlust. Einzig das System *Mobile* weist einen fließenderen Übergang zwischen sehr guter und inakzeptabler Audioqualität auf. Dies hat möglicherweise seine Ursache im sehr großen 2nd-Level-Cache des Systems. Im ausgelasteten Zustand entscheidet der mehr oder minder günstig platzierte Cacheinhalt über das Erreichen oder Verletzen der Deadline für die Bearbeitung eines Paketes. Dieser Umstand sollte in Folgearbeiten näher untersucht werden.

Es kann geschlussfolgert werden, dass die Verarbeitungsleistung der eingesetzten CPU die Teilnehmerzahl limitiert. Die zugrundeliegende Netztechnologie ist irrelevant.

3.4   Bewertung der Videoverarbeitungsleistung

In einer weiteren Untersuchung wurde analysiert, welche Rechenleistung der für VoIP eingesetzte Videocodec H.261 erfordert bzw. welche Dienstgüte mit den betrachteten Hardwareplattformen realisierbar ist. Im Gegensatz zum Audiosignal erfolgt keinerlei Mischung; das Bild eines Kommunikationspartners wird auf Sprecherseite kodiert, zu einem oder mehreren Empfängern übertragen und dort wieder dekodiert. Die notwendige Verarbeitungsleistung hängt von vielen Faktoren ab und determiniert ihrerseits die erzielbare Bildrate.

Aus der Fülle konfigurierbarer Parameter wurden die folgenden untersucht:

- H.261 unterstützt zwei Bildauflösungen:
  - 352x288 Pixel („groß")
  - 176x144 Pixel („klein")
- zwei Bitraten gemäß der Empfehlung für H.261:
  - 400 kBit/s („schnell")
  - 8 kBit/s („langsam")
- Charakteristik des Videobildes:
  - Standbild („Standbild")
  - Bild eines Sprechers („Normal")
  - Bild aus zufällig generierten Helligkeitswerten („Zufall")

Es wurde ein Teststrom von exakt 100 Frames generiert, die Zeiten zum Kodieren und Dekodieren jedes Frames mit o.g. Parametern ermittelt und das arithmetische Mittel bestimmt. Tabelle 4 widerspiegelt die ermittelten Ausführungszeiten.

Je nach Charakteristik des Stromes erlaubt die genutzte Hardware Bildraten von 78 (kleine Auflösung, geringe Bitrate) bis minimal 9 (hohe Auflösung und Bitrate) Bildern pro Sekunde, wobei der Client sowohl eine Kodierung (des eigenen Bildes) als auch eine Dekodierung (des empfangenen Bildes) vornehmen muss. Die Übertragung eines Sprecherbildes unterscheidet sich nur marginal vom Standbild, währenddessen das Zufallsbild als unrealistischer Grenzfall anzusehen ist. Es kann geschlussfolgert werden, dass mit dem betrachteten System für den Client, der die Funktion des Media Proxy übernommen hat, nur eine sehr beschränkte Qualität der Videoübertragung möglich ist, während für andere Teilnehmer diese Funktionalität durchaus erbracht werden kann.

Tabelle 5 zeigt die Ergebnisse für die Mobile-Plattform. Augenfällig ist die Beschleunigung aller Operationen um den Faktor 7 bis 10. Der über die höhere Taktfrequenz hinaus zu beobachtende Leistungsvorsprung ist mit hoher Wahrscheinlichkeit der Cachegröße zuzuschreiben. Selbst große Videoframes (maximal

Tabelle 4. Leistungsbewertung der Videoverarbeitung für das Embedded System

Charakter	Größe	Bitrate	∅ Zeiten [ms]	
			Kodieren	Dekodieren
Stand	klein	langsam	7.333	5.285
		schnell	7.894	5.640
	groß	langsam	21.819	21.777
		schnell	31.844	24.580
Normal	klein	langsam	6.969	5.714
		schnell	9.910	7.341
	groß	langsam	28.197	24.553
		schnell	31.702	25.992
Zufall	klein	langsam	15.717	11.136
		schnell	16.097	11.394
	groß	langsam	62.591	46.704
		schnell	61.551	45.961

etwa 200kB vor der Komprimierung) können vollständig im Cache lokalisiert werden, was beim Cache des VIA-Prozessors nicht der Fall ist (vgl. Tabelle 1). Auch in diesem Fall unterscheiden sich Standbild und Video eines Konferenzteilnehmers kaum voneinander, während ein Zufallsbild etwa die doppelte Zeit zum Kodieren und Dekodieren benötigt. Die gemessenen Werte belegen wiederum, dass durch den Einsatz modernerer Hardware ein beträchtlicher Leistungszuwachs zu erwarten ist.

Tabelle 5. Leistungsbewertung der Videoverarbeitung für Mobile-Plattform

Charakter	Größe	Bitrate	∅ Zeiten [ms]	
			Kodieren	Dekodieren
Stand	klein	langsam	0.535	0.548
		schnell	0.672	0.588
	groß	langsam	1.633	2.894
		schnell	2.641	3.223
Normal	klein	langsam	0.582	0.618
		schnell	1.039	0.809
	groß	langsam	2.144	3.171
		schnell	2.762	3.447
Zufall	klein	langsam	1.898	1.294
		schnell	1.871	1.395
	groß	langsam	7.325	5.848
		schnell	9.160	6.108

4 Zusammenfassung und Ausblick

Wie demonstriert wurde, ist es möglich, auf der Basis von VoIP ein Videokonferenzsystem zur Kommunikation von Schiffsbesatzungen aufzubauen. Der Einsatz eines in allen Sprechstellen lokalisierten Media Proxys erlaubt einen vertretbaren Kompromiss aus Fehlertoleranz, Kosteneffizienz und Skalierbarkeit des Systems.

Damit wird es prinzipiell möglich, die Kosten für dedizierte Kommunikationsinfrastruktur zu reduzieren. Das einheitliche resultierende Netz besitzt eine Gitter-Struktur und toleriert damit den Ausfall mehrerer Knoten. Problematisch ist die verhältnismäßig lange Zeit zur Rekonfiguration des Netzes per RSTP nach einem Komponentenausfall, die die Vorgabe von etwa fünf Sekunden bislang deutlich überschreitet.

Die Bandbreite des genutzten 100-MBit/s-Ethernets ist vollauf ausreichend, die maximale Anzahl Sprechstellen wird durch die Verarbeitungsleistung in den Clients limitiert. So ist bei Einsatz der ursprünglich vorgesehenen Hardwareplattform auf Basis des Prozessors VIA Eden eine maximale Teilnehmerzahl von etwa 20 bei bescheidener Dienstgüte erzielbar. Durch die kontinuierliche Evolution der Rechnerarchitektur sowie bei Nutzung moderat schnellerer Systeme sind signifikante Verbesserungen ohne weiteres möglich.

Die Arbeit hat eine Reihe Fragestellungen aufgeworfen, die bislang nur unzureichend untersucht wurden. So ist eine verbesserte Bewertung der Signalqualität mit einer größeren Anzahl von Probanden, insbesondere trainierten Rezipienten, unbedingt wünschenswert. Bei der Ermittlung der maximalen Anzahl von Teilnehmern zeigte sich bei zwei Plattformen ein schlagartiger Übergang von akzeptabler zu inakzeptabler Dienstqualität, währenddessen bei Pentium-M-basierter Hardware eine kontinuierlichere Transition zum überlasteten System zu verzeichnen war. Für dieses Phänomen konnte bislang keine befriedigende Erklärung gefunden werden. Ein weiterer Ansatzpunkt ist die Einbeziehung von Verschlüsselungsverfahren für die ausgetauschten Sprachdaten sowie die Nutzung komplexerer Audiocodecs. In diesem Zusammenhang sollte ebenfalls untersucht werden, ob durch die Nutzung von MMX bzw. ISSE eine Verbesserung der Verarbeitungszeiten zu erreichen ist.

Literaturverzeichnis

1. IEEE: 802.1D IEEE Standard for Local and Metropolitan Area Networks: Media Access Control (MAC) Bridges. 2004
2. Internet Engineering Task Force: RFC 3261: SIP - Session Initiation Protocol. 2002
3. International Telecommunication Union: ITU-T H.323: Packet-based Multimedia Communication Systems. 1998
4. Salman A. Baset, Henning Schulzrinne: An Analysis of the Skype Peer-to-Peer Internet Telephony Protocol. Proc. INFOCOM'06, Barcelona, 2006
5. Zhou Wang et al: Image Quality Assessment: From Error Visibility to Structural Similarity. Trans. Image Proc., 13(4), S.600-612, 2004
6. Jörg Rödel: Design, Implementation and Analysis of Communication Infrastructure using Embedded Systems. Diplomarbeit, TU Chemnitz, 2006

Ein PEARL-Einplatinenrechner hält Einzug auf dem Bauernhof

Erwin Steinle und Wolfgang A. Halang

Lehrstuhl für Informationstechnik, insb. Realzeitsysteme
FernUniversität, 58084 Hagen
`Wolfgang.Halang@FernUni-Hagen.de`

Zusammenfassung. Wegen häufiger Stromausfälle aufgrund extremer Wetterereignisse und maroder Stromleitungen wurde auf einem Bauernhof zur Sicherstellung des Melkbetriebes und der Fütterung ein Notstromaggregat angeschafft, das wie viele Geräte in der Landwirtschaft vom Motor eines Traktors über eine Gelenkwelle angetrieben wird. Für diesen Stromerzeuger war eine Regelung erforderlich, die Frequenzschwankungen verhindert oder zumindest stark reduziert und selbständig empfindliche Elektronik ab- und wieder zuschaltet, wenn die Normfrequenz wieder erreicht ist. Regelung und Steuerung des Traktors wurden in der Echtzeitprogrammiersprache PEARL auf einem mit dem Betriebssystem RTOS-UH ausgestatteten Einplatinenrechner implementiert. Weiterhin wurde eine speicherprogrammierbare Steuerung installiert, die alle Motoren, Heizungen und das Licht schaltet und die die gemeinsame Inbetriebnahme von Maschinen zumindest teilweise unterbinden kann.

1 Einleitung

Wegen extremer Wetterereignisse, die schon einmal zu einem viertägigen Versorgungsausfall führten, und maroder Stromleitungen des örtlichen Elektrizitätsversorgungsunternehmens betreibt der erste Autor im Allgäu in seinem landwirtschaftlichen Vollerwerbsbetrieb mit Milcherzeugung seit einigen Jahren ein Notstromaggregat. Durch die immer wieder vorkommenden längeren Stromausfälle wurde der Betrieb mehrfach schwer betroffen. Erst im vergangenem Herbst brannte in der Nähe ein Holzmast ab, wodurch – genau zur morgentlichen Hauptarbeitszeit – die Stromversorgung für drei Stunden unterbrochen wurde. Die Ereignisse im Münsterland während des letzten Winters sprechen für sich.

Bei dem Stromerzeuger handelt es sich um ein Gerät der Firma Finsterwalder mit 17 kW Leistung, das wie viele Geräte in der Landwirtschaft vom Motor eines Traktors über eine Gelenkwelle angetrieben wird (vgl. Abb. 1). Mit dem Aggregat soll insbesondere der Betrieb der Melk- und der Fütterungstechnik während der Hauptarbeitszeit, d.h. jeden Tag zwischen 6 und 9 Uhr sowie zwischen 16 und 19 Uhr, sichergestellt werden.

Der Stromerzeuger wurde bisher nicht geregelt. Probleme bereiten in dieser Hinsicht vor allem größere Lastwechsel, die zu nicht tolerierbaren Frequenzabweichungen führen. Wird z.B. die Reinigungsheizung der Melkanlage mit 12 kW

Abb. 1. Traktor mit stationär betriebenem Zusatzaggregat

Leistung bei laufendem Melkmaschinenmotor (3 kW) eingeschaltet, so sinkt die Netzfrequenz ohne Regelung von 50 Hz auf 32 Hz; stellt man sie durch „Gasgeben" wieder auf 50 Hz ein und schaltet danach die Reinigungsheizung wieder ab, so erhöht sich die Frequenz auf 74 Hz. Einige Vorschaltgeräte von Lampen und auch die Steuerelektronik einer Milchkühlung haben diese Frequenzabweichungen nicht verkraftet und fielen aus mit der Folge, daß hunderte Liter Milch verdarben. Weiterhin ist problematisch, daß viele Geräte gleichzeitig arbeiten und zu beliebigen Zeiten ein- und ausgeschaltet werden können. Dann gibt es noch Geräte wie Kreissägen, die im Leerlauf wenig Strom aufnehmen, im Betrieb jedoch sehr schwankende Belastungsprofile aufweisen.

Die Frequenzabweichungen entstehen dadurch, daß das Notstromaggregat mit 17 kW Leistung von einem äußerst wenig Kraftstoff verbrauchenden Traktor mit 44 kW Leistung angetrieben wird. Ihre Ausmaße wären gering, würde ein Traktor mit 89 kW eingesetzt, dessen Kraftstoffverbrauch jedoch unakzeptabel hoch ist. Deshalb war eine Regelung erforderlich, die solche Schwankungen verhindert oder zumindest stark reduziert und selbständig empfindliche Elektronik ab- und wieder zuschaltet, wenn die Normfrequenz erneut erreicht ist.

Ein Problem für die Regelung ist die durch die Motorträgheit entstehende Totzeit. Bei Überschreiten der Sollfrequenz ist schnelle Einregelung möglich, da die Motorträgheit genutzt werden kann; bei Unterschreiten der Sollfrequenz muß langsam eingeregelt werden, weil der Motor „auf Touren gebracht", die Motorträgheit also überwunden werden muß. Um mit zwei Unsicherheitsgrößen fertigwerden zu können, muß der Regelalgorithmus sehr robust sein: einerseits ist die verwendete Antriebsmaschine i.a. nicht bekannt und andererseits gibt es zahlreiche nicht vorherzubestimmende Belastungen und damit Strom- und Frequenzschwankungen, denen nur wenige bekannte Abhängigkeiten (z.B. Melkmaschinenmotor hat immer 3 kW und Reinigungsheizung immer 12 kW) gegenüberstehen. Dauernde, kleine Frequenzschwankungen werden dadurch entschärft, daß die Regelung die Führungsgröße soweit erhöht, bis die Schwankungen in einem definierten Fehlerschlauch zu liegen kommen. Dieser muß von der Regelung selbst ermittelt werden und hängt hauptsächlich von der Motorträgheit des antreibenden Traktors ab. Starker Frequenzabfall bzw. -anstieg kann nur asymptotisch an die Führungsgröße herangeführt werden, denn sonst droht ein Schwingen der Regelung und damit der Frequenz.

Wie im folgenden ausführlich beschrieben, wurden die so umrissene Regelung und die Steuerung des Traktors in der Echtzeitprogrammiersprache PEARL auf dem mit dem Betriebssystem RTOS-UH ausgestatteten Einplatinenrechner der FernUniversität [1] implementiert. Weiterhin wurde eine speicherprogrammierbare Steuerung installiert, die alle Motoren, Heizungen und das Licht schaltet und die die gemeinsame Inbetriebnahme von Maschinen zumindest teilweise unterbinden kann. So darf beim Reinigen der Melkanlage (Heizung und Motor benötigen 15 kW) keine andere Maschine mehr zugeschaltet werden, da der Stromerzeuger mit 17 kW seine Leistungsgrenze erreicht. Der PEARL-Rechner teilt der SPS über 4 statische Steuerleitungen den Frequenzstatus mit und beauftragt sie, die Regelung unterstützende Maßnahmen zu treffen sowie bei Frequenzschwankungen sicherheitsbedingte Abschaltungen vorzunehmen. Kann die Regelung aus welchen Gründen auch immer die Sollgröße nicht mehr erreichen, so schaltet die SPS nach vorgegebener Zeit alle Maschinen ab. Es ist möglich, die SPS durch eine feldbusbasierte (Interbus) Lösung zu ersetzen.

2 Eingangssignale

Wichtigste zu messende Größe ist die Frequenz. Nach Lastzuschaltung senkt sich diese bei unverändertem Drehmoment des Motors ab. Je größer die zugeschaltete Last ist, umso größer ist der Frequenzrückgang. Umgekehrt stellt man bei Lastabwurf eine Frequenzerhöhung fest, die mit dem Abwurf größerer Lasten ansteigt. Weiterhin ist auch die momentane Leistungsabgabe bedeutend, mit der festgestellt werden kann, ob das Leistungsmaximum erreicht ist. Dann darf keine Last mehr zugeschaltet werden. Diese beiden Größen werden dem EPR (Einplatinenrechner) folgendermaßen zugeführt.

Ein durch ein Widerstandsnetzwerk abgeschwächtes Spannungssignal einer beliebigen Phase des Stromerzeugers wird zuerst an einen Impedanzwandler geführt. Es folgt ein Präzisionsgleichrichter, um beide Halbwellen in den positiven Spannungsbereich zu überführen. Zur Frequenzmessung liegt beim EPR an den Eingängen INT1 und T1 ein kurzes Signal an, das eine Reihe von Fensterkomparatoren bei folgenden Situationen generiert:

- bei jedem Nullpotential $u_s \cdot sin(n \cdot \pi)$, $n \geq 0$,
- bei jeder Spitzenspannung $u_s \cdot sin(m \cdot \frac{\pi}{2})$, m ungerade, und
- genau zwischen dem Null- und Spitzenpotential $u_s \cdot sin(k \cdot \frac{\pi}{4})$, k ungerade.

Zur Leistungsmessung werden Meßumformer verwendet, die je nach Leistung einen eingeprägten Strom von 4–20 mA liefern. Dabei werden alle drei Phasenströme gemessen. Da auch einphasige Verbraucher zugeschaltet werden können, kann in einer Phase wesentlich mehr Strom fließen als in den anderen beiden Phasen. Die eingeprägten Ströme erzeugen an Widerständen Spannungsabfälle. Der EPR steuert nun Analogschalter derart, daß nacheinander die Spannungen durchgeschaltet werden. Daneben fragt der EPR noch fünf Analogsignale ab, womit weitere Größen wie z.B. die Motortemperatur des Traktors erfaßt werden können. Aus Sicherheitsgründen wurde noch ein weiterer Frequenzmesser mit Stromausgang installiert. Weichen die beiden Frequenzen zu sehr voneinander ab, so liegt wahrscheinlich ein Fehlerfall vor.

Da der EPR bei Stromausfall alle Daten verliert, ist folgende Maßnahme notwendig. Das Netz versorgt im Ruhezustand über einen AC/DC-Wandler den EPR (geschaltet vom Netz schaltet der Schließer eines Relais durch). Wenn ein Stromausfall – sei es wegen Netzausfalls oder gewollten Unterbrechens – festgestellt wird, dann übernehmen 6 in Reihe geschaltete Batterien die Versorgung. Wird dann die Notstromanlage in Betrieb genommen (EVU-Hauptschalter auf Notstrom), so wird ein 230 V DC/AC-Wandler durch die Traktorbatterie gespeist, die jetzt dem AC/DC-Wandler durch den Öffner des Relais die benötigten 230 V Spannung liefert. Da ein vom EVU vorgeschriebener Hauptschalter die beiden Netze sauber trennt, ist keine Kollision der beiden Generatoren möglich. Bei wieder vorhandener Spannung im EVU-Netz kann man nach Abschalten des Notstromerzeugers und Abkopplung des DC/AC-Wandlers den EVU-Schalter wieder auf Netz schalten.

3   Ausgabesignale

Der EPR hat sowohl die Analogschalter zu steuern als auch einen Schrittmotor bzw. Linearantrieb. In seiner Grundkonfiguration hat der EPR einen 8 Bit breiten Portausgang sowie einen 8 Bit breiten Port, der eigentlich dazu dient, die unteren 8 Bit einer Adresse anzuzeigen. Dieser Port kann aber genauso zur Ausgabe verwendet werden, indem man entsprechende Adressen angibt, die dann dem Ausgabebyte entsprechen. Hier wird der 'Ausgangsport' dazu genutzt, den Linearantrieb zu steuern. Wenn die Frequenz steigen oder fallen soll, so werden jeweils Bit 0 oder Bit 1 gesetzt. Diese Signale werden verstärkt und schalten Relais. Der Linearantrieb (vgl. Abb. 2) arbeitet mit 12 V Gleichspannung, die von der Traktorbatterie abgegriffen wird. Ein Stahldraht verbindet ihn mit dem Gaszughebel des Traktors. Je nachdem, ob der Linearantrieb einfahren (Gasgeben → Frequenz erhöhen) oder ausfahren (Gas wegnehmen → Frequenz senken) soll, muß die entsprechende Polarität der Spannung an den Linearantrieb angelegt werden. Die Richtung – Ausfahren oder Einfahren – wird über vier Relais bestimmt. Sie haben die Aufgabe, die Polarität zu wechseln. Bei Vollgas ist der Linearantrieb voll eingefahren; ein Endschalter ist deshalb nicht notwendig. Auch für das Ausfahren ist kein Enschalter notwendig, da bei Standgas nie 52 Hz erreicht werden können und in jedem Fehlerfall dann die Reglung in den Zustand Warnung übergehen wird.

Abb. 2. An das Kabinengehäuse angeschraubter Linearantrieb

Auch der Linearantrieb ist problematisch, da er mit einer bestimmten Geschwindigkeit den Kolben ein- oder ausfährt. Wegen der Totzeit des Traktormotors erkennt der EPR bei großer Lastzuschaltung einen Frequenzabfall und steuert den Linearantrieb entsprechend. Die Frequenz steigt dann langsam. Wenn die Frequenz die Normfrequenz erreicht hat, stoppt der EPR den Linearantrieb, aber die Totzeit sorgt dafür, daß die Frequenz weiter steigt. Der EPR steuert nun dagegen. Da die Motorträgheit hier nun nicht als Totzeit auftritt, wird die Normfrequenz eingehalten. Um zu verhindern, daß die Regelung einen Überschwinger erzeugt, wird auch darin eine „Totzeit" hinzugefügt. Die Geschwindigkeit des Linearantrieb ist nun aber eine Konstante, die gefahrene Strecke je Zeiteinheit stellt eine Gerade dar. Der vom Gaspedal gezogene Hebel der Einspritzpumpe hat eine Zuglänge von 50 mm, in denen er von Standgas auf Vollgas variieren kann. Die Abhängigkeit der Frequenz von der Hebellänge ist bei konstanter Last nichtlinear. Da die Last aber auch variieren kann, ist keine konkrete Aussage mehr bezüglich der Ausfahrlänge des Linearantriebs möglich. Schon kleine Ausfahrlängen können zum Überschwingen führen. Der Linearantrieb muß deshalb in kleinen Intervallen angesteuert werden, denen jeweils Pausen gegenüberstehen, um die endgültige Wirkung abschätzen zu können.

Mit diesem Port ist es auch möglich, eine Leistungsansteuerung für einen Schrittmotor zu realisieren. Bit 7 könnte dann Rechteckimpulse liefern, Bit 6 entschiede über die Richtung und Bit 5 über die Micro-Step-Funktionalität.

Es gibt drei Analogschalter zur Messung der Phasenströme. Somit müssen zwei Bits für die Steuerung der Analogschalter reserviert werden: Bit 0='1'B für Phase 1, Bit 1='1'B für Phase 2 und Bit 0 und Bit 1 jeweils '1'B für die dritte Phase. Diese werden über den Adressenport ausgegeben.

In verschiedenen Situationen ist eine Regelung nicht mehr möglich, z.B. bei fallenden Versorgungsspannungen, oder wenn der Algorithmus auf eine vorher nicht bedachte Situation trifft oder einfach im Falle eines Drahtbruchs der Steuerung des Linear-/Schrittmotors. Auf jeden Fall wird als Kriterium einer unerwarteten, vielleicht gefährlichen Situation die Veränderung der Frequenz als Maß herangezogen. Wenn sich trotz Regeltätigkeit die Frequenz nicht ändert, dann muß ein Warnsignal gesendet werden, und zwar sowohl akustisch als auch an die SPS, die dann alle Lasten abwerfen muß. Hierzu ist Bit 4 des Datenports vorgesehen. Niedriger Pegel bedeutet Warnung. Es ist ein Hauptschütz vorgesehen, das bei Warnung löst und alles stromlos macht. Kriterien für fehlende Regeltätigkeit sind:

1. Permanent wird die Frequenzdifferenz Δf innerhalb eines Zeitabschnittes von zwei Sekunden ermittelt. Fällt oder steigt innerhalb von zwei Sekunden die Frequenz um δ Hz, so muß innerhalb von δ Sekunden eine Regelungstätigkeit feststellbar sein. Dazu muß der SPS mitgeteilt werden, daß keine weiteren Verbraucher in dieser Zeit zugeschaltet werden dürfen. Ansonsten könnte es passieren, daß trotz Regelung die Frequenz nicht steigt, da ein neuer Verbraucher dies verhindert.

2. Die maximale Dauer, in der eine Regelung stattfinden muß, wird auf fünf Sekunden beschränkt, danach erfolgt eine Warnung. Das ist notwendig, da z.B. beim Bruch eines Drahtes die Drehzahl des Traktors aufgrund der Belastung durch den Stromgenerator schnell auf Standgasniveau sinkt. Damit könnte Δf auf 40 Hz oder mehr steigen. Nach (1) würde die Regelung dann 40 oder mehr Sekunden lang warten, bis abgeschaltet werden würde. Das ist natürlich zu lang. Die angegebenen Zeitintervalle wurden aus Erfahrungen mit dem Stromerzeuger gewonnen.

4   Strukturierung der Regelung in Tasks

TASK Beginn (hohe Priorität - 1) stellt die Ablaufsteuerung dar und initialisiert die notwendigen Register und Variablen. Danach wird die Zeitgeberunterbrechung freigegeben. Es folgen die Aktivierungen der Tasks Start und Leistungsmessung mittels Duration-Einplanungen. Eingebettet in einer Endlosschleife werden die eingelesenen Werte der anderen Tasks ständig überwacht und entsprechende Befehle an die Peripherie abgegeben. Beim Abweichen von der Normfrequenz $\pm$ Toleranz wird zunächst untersucht, ob ein negativer differentieller Fall (Frequenz steigt) oder ein positiver (Frequenz fällt) gegeben ist.
Im negativen differentiellen Fall werden bei vorhandener Leistungsreserve empfindliche elektronische Baugruppen sofort durch ein entsprechendes Signal an die SPS abgeschaltet. Proportional zum Betrag der Änderung wird der Linearantrieb ausgefahren. Wegen der Trägheit des Traktors, der damit zusammenhängenden Totzeiten und der daraus resultierenden Gefahr der Schwingungsneigung darf der Linearantrieb nur maximal 0,5 sec lang

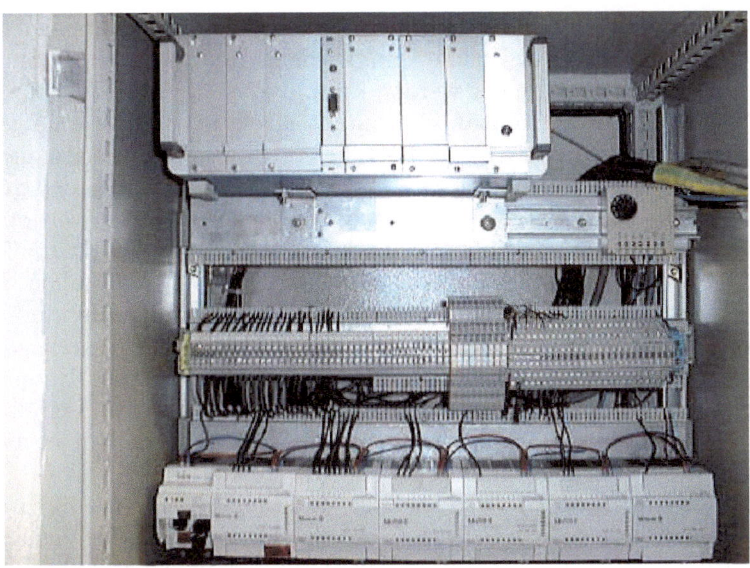

Abb. 3. Einplatinenrechner (oben) im 19-Zoll-Gehäuse und speicherprogrammierbare Kopfsteuerung (außerhalb)

betätigt werden (beim gegebenen Aufbau bedeutet dies dann eine Leistungssteigerung des Motors um ca. 3% – 8% je nach Stellung des Gaspedals), worauf eine Pause von 1 sec folgt. Bei Lastzuschaltungen bis 3 kW ist keine Pause erforderlich. Befindet sich die Frequenz wieder im oberen tolerierten Frequenzbereich (Normfrequenz + Toleranz) und finden keine Linearmotorbetätigungen statt, so werden die zuvor abgeschalteten Baugruppen – nach Leisungsermittlung und Leistungsreserve – wieder zugeschaltet. Fällt die Frequenz beim Zuschalten dieser Geräte sofort wieder unter die Schwelle Normfrequenz - Toleranz, so werden sie endgültig abgeschaltet.

Im positiven differentiellen Fall wird entsprechend wie im vorigem Fall vorgegangen, nur daß der Schrittmotor nun eingefahren wird. Über Bit 4 – Bit 7 des Adressenports wird die Leistungreserve an die SPS weitergegeben. Eine Meldung der SPS über aktivierte Lasten erweist sich nicht als sinnvoll, da sich die Frequenz fast gleichzeitig ändert und als Maß herangezogen werden kann. Bei fehlenden Leistungsreserven findet keine Regelung statt, sondern es wird der SPS mitgeteilt, daß Verbraucher (hauptsächlich die zuletzt aktivierten und die elektronischen Geräte) abgeworfen werden. Erfolgt trotz Regelung oder Lastabwurf über die SPS keine Frequenzkorrektur, so wird die Task Warnung aufgerufen.

TASK Warnung (höchste Priorität) Es gibt Zustände, die für die Anlage als auch für die Verbraucher gefährlich werden können. Wird ein solcher Zustand in einer der Tasks erkannt, so wird die Task Warnung aufgerufen. Sie sendet an die SPS das Signal, die komplette Abschaltung der Verbraucher zu veranlassen. Dann wird ein andauerndes akustisches Notsignal initiiert. Am Ende geht die Task in eine Endlosschleife über, aus der sie nur mittels eines Rücksetzsignals geholt werden kann.

TASK Timer (hohe Priorität) Verknüpft mit dem Unterbrechungseingang INT1 und dem PEARL-Event EV1 liefert diese Task jeweils die Anzahl von Takten in einem Zeitintervall, bis der aus der Sinusspannung generierte nächste Impuls den Zeitgeber neu startet. Vorgegeben ist der Wert der Normfrequenz, 52 Hz. Das Zeitintervall ist dann 2,4 msec (bei 80 Hz 1,5625 msec) lang, worin 231 Zeitgeberimpulse (bei 80 Hz 150 Impulse) fallen. Die vorzeichenbehaftete Differenz ist ein Maß der Frequenzänderung und wird im weiteren verwendet.

TASK Start (niedrige Priorität + 2) Beim Hochfahren des Systems ist die Phasenspannung am Anfang auch 0 V. Leistungsabfrage wie Ausführung der Entscheidungsalgorithmen sind dann nicht sinnvoll. Deshalb dient diese Task dazu, das System hochzufahren, bis ab ca. 20 Hz sinnvolle Werte geliefert werden. Sie blockiert in dieser Zeit die Leistungsabfrage wie auch die Entscheidungsalgorithmen. Die Task Ein-Ausgabe wird lauffähig gemacht.

TASK Ein-Ausgabe (niedrige Priorität + 1) gibt die Signale aus. Durch die Form der Task sind alle Arten des Einplanens möglich. Zudem bleiben so die Ausgänge im zuletzt beschriebenen Zustand, erst der Aufruf mit einem neuen Wert ändert die Ausgabe.

TASK Leistungsmessung (niedrigste Priorität) In der Ablaufsteuerung ist vorgesehen, diese Task alle 0,3 sec lauffähig zu machen. Sie ruft mit entsprechenden Werten die Task Ein-Ausgabe auf und liest die Analogwerte ein. Diese werden umgerechnet und der jeweils höchste Wert wird den Entscheidungsalgorithmen zur Verfügung gestellt. Hier wird auch noch festgestellt, ob die vom EPR bestimmte Frequenz mit der vom F/I-Meßumformer erfaßten übereinstimmt. Eine 2 Hz überschreitende Differenz wird als Fehlerfall gewertet und die Task Warnung wird aufgerufen. Diese Abfrage des externen Frequenzmessers ist hier implementiert, da Differenzen durchaus vorkommen. Sie entstehen durch die A/D-Wandlung und beruhen auch darauf, daß der eingesetzte Frequenzmesser träger reagiert als der EPR.

Über die Task Timer wird die Frequenz bis zu 700 mal pro Sekunde (entsprechend 87,5 Hz) ermittelt. Bei 20 MHz Taktfrequenz des Prozessors benötigt die Task Timer ca. 5 – 10% der Ressourcen (abhängig vom Code dieser Task). Damit bleibt für die anderen Tasks genügend freie Zeit.

Literaturverzeichnis

1. Halang, W.A.: Realzeitprogrammiersprache PEARL. Kurs 02417 mit CD. Hagen: Fernuniversität 1998

Druck: Mercedes-Druck, Berlin
Verarbeitung: Stein+Lehmann, Berlin